尾木ママ

小学一年生

子育て、学校のお悩み、ぜ〜んぶ大丈夫！

尾木直樹

小学館

はじめに

こんにちは、尾木ママです。

この本を手に取った方は、お子さんがもうすぐ小学1年生になるのかしら？

それとも、すでに1年生、あるいは2年生かしら？

ボクは雑誌『小学一年生』で5年間、小1の子をもつママたちの不安やお悩みにお答えしてきました。そこで見えてきたのは、1年生ママたちの心配や不安はものすごく多岐にわたっているなあということなの。


「引っ込み思案だから、友だちができるか心配です」

「授業中、ちゃんと座っていられるか心配です」

「友だちとケンカしてきたけれど、どうすればいいでしょうか？」

「家ではいつもイライラしています。どうしたらいいですか?」

こうしたお悩みは、不思議と同じ時期に同じような内容のものが集中して寄せられます。そこで本書は、雑誌『小学一年生』に実際に送られてきたお悩みのなかから35編を選び、「入学準備~入学」「1学期」「夏休み」「2学期」「3学期」と時期を5つに分けてまとめました。そのなかには、本書を手に取ってくださったみなさんにも共感できるお悩みや思いが必ずあるのではないでしょうか?

こうしたママのお悩みが増えるのは、1年生の年ごろが、ちょうど幼児期から学童期への移り変わりの時期に合致しているからなんですね。

保育園・幼稚園時代は、子ども一人ひとりに、保育士さんや先生の目がきちんと行き届いていたわ。毎日の送り迎えを通して保育士さんや先生と会話をしたり、園での生活を垣間見ることもできたでしょうし、何かあれば、連絡帳に細やかに書いて報告もしてくれましたよね。

ところが、1年生になると生活は一変します。例外はあるものの、基本的には20～35人の子どもを担任の先生が1人で見なければいけない。子どもだけでの登下校。連絡帳には先生のサインだけ……。子どもが学校でどのように過ごしているのかが、急にわからなくなるんですよね。そこにママたちは不安を感じてしまうのだと思います。

それから、1年生になるとわが子の心身の成長ぶりにママはうれしくなる半面、戸惑いを感じてしまうこともあるのではないかしら。

幼児期は、ママがなんでもお世話して、遊びにもお出かけにも、どこでもママと一緒だったわが子が、1年生になったら「友だちを連れてきた」「自分でやる」と言いだす。

6～7歳になると、学校という〝社会〟で過ごすことで、これまでより世界がグッと広がります。1年生は自分で考え、行動できるようになるスタート地点なんです。自立に向けた第一歩なんですよね。そんなわが子の変化に戸惑う気持ちもわかるけれど、本書を通して、ポジティブにとらえることができるようになるといいですね。

同じ1年生の子どもをもつママたちのお悩みですよ。「わかるわあ！」などと共感しながら読んでもらえるとうれしいです。

2017年3月

尾木直樹

尾木ママ 小学一年生 もくじ

第2章 1学期

「小学校って楽しいな」と思ってもらえるように
わが子と先生の力を信じて見守ってね。

第1章

入学準備～入学

「早く学校に行きたいな！」って子どもが思える会話を心がけてね！

　1年生になることをお子さんとどのように話していますか。「楽しみだね！」、それとも「心配だわ…」かしら？　『小学一年生』に寄せられるお手紙を読むと、最近は、入学を楽しみにしているママより、入学後の心配や不安を抱えるママのほうが多いようですね。

「最後まで授業が聞けるかしら？」

「食べるのが遅いけど、給食は大丈夫かな？」

　でもね、子どもはママの表情をとてもよく見ているわ。ママが不安な気持ちでいると、子どもはすぐに見抜いちゃう。だから、ママはもっと気持ちをラクにして、学校生活を楽しみにしていてもらいたいと思うんです。

「給食って、どんなのが出るかな？　おいしいらしいわよ」なんて、子どもが

「早く学校に行きたいな」って思えるようなことをどんどん語り合いましょう。

学校は「楽しいところ」、幼稚園や保育園では味わえなかった「新しい体験ができるところ」なんだってね。そんな期待をうんとふくらませて学校に行けるようにしてあげられるといいですね。

子どもに「学校ってチャイムが鳴ったら、遊びをやめたり動いたりしなくちゃいけないんでしょ。ボク、できるかどうか心配だな」なんて言われたら、まずは不安な気持ちに共感してあげてね。それから、「みんな初めてだから大丈夫だよ。チャイムが鳴るってどんな感じかな、楽しみだね」って、安心して心待ちにできるような声かけをしてあげられるといいですね。それでも心配なようなら、「じゃあ、目覚まし時計を45分たったら鳴らしてみようか？」くらいの練習はしてもいいかもしれません。

小学校では、新しいことを、みんなで楽しみながら経験します。ママも子どもと一緒に楽しみにしていましょう。

お悩み１

Q

落ち着きのない息子が授業でちゃんと座っていられるか心配です。

わが家の息子は、やんちゃで元気な、いわゆる男の子らしい男の子です。けれど、テーブルに向かい、集中して何かをするということが苦手です。本を読んであげると傍らで聞いていますが、１人で本を読んだり、絵を描いたりすることはあまり好きではないようです。

このまま入学して、授業中、ずっと椅子に座って先生の話を聞いていられるのかなと心配になります。入学前に家庭でトレーニングをしたほうがよいでしょうか。

（O・Hさん）

A 授業のことは先生にお任せしても大丈夫。今は絵本の読み聞かせをたくさんしてあげましょう。

1、2年生なら、とくに男の子は落ち着きのない子が多いわ。興味の向いたほうへ、パッと意識が集中するのでしょうね。ただ、1つのことに集中する時間が短いから落ち着きがないように見えてしまう。そんなわが子を見ていたら、「授業中、大丈夫かしら……」って、心配になるママの気持ちもわかるわ。

でもね、先生だって、1年生を最初からおとなしく席に座らせようなんて思ってはいません。子どもたちが飽きずに楽しく授業を受けられるように工夫してくれますよ。だから、ママは入学後の授業は、担任の先生にお任せしちゃいましょう。

それでも心配なら、机の上でできる子どもの好きなことを家でやらせてみてはどうかしら。１人で何かをするのが苦手な子なら、ママも一緒に取り組むの。「〇〇くん、折り紙、ママすごいの作っちゃった。見て見て！」ってね。子どもはママと一緒に何かをするのが大好き。子どもの興味を上手に引き出して、ともに楽しみましょう。

それから、絵本の読み聞かせもいいわね。読み聞かせは親子の絆を深めるだけでなく、お話を聴くトレーニングにもなるわ。この子もママが読んでくれたら、じっと耳を傾けているのよね。それなら、どんどん読んであげましょう。「読みたい本を持っておいで。ママが読んであげるよ」なんて声をかければ、子どもは喜んで持ってくるはず。親子の信頼関係がしっかり築けていれば、落ち着いて小学校生活が送れるようになりますよ。

尾木ママの子育て
愛コトバ

子どもはママと一緒に何かをするのが大好き。子どもの興味を上手に引き出して、ともに楽しみましょう。

お悩み2

Q

仕事で学校行事にことごとく参加できないと思うんです。

母子家庭で私がフルタイムで働いており、休みは日曜日しかありません。

小学校は、保護者会や授業参観、運動会、発表会などが平日や土曜日にあると、お友だちママから聞きました。私は仕事があるので、こうした行事にほとんど参加できないと思うのです。

授業参観などに私が行けないことで、息子に悲しい思いをさせたくはありません。けれど親子2人で生活していくためにはやむを得ないので、わかってほしいのです。「ママがなかなか学校へ行けない」ということについて、息子をがっかりさせないような話し方はありますか？

（A・Kさん）

A 最初から「できない」と決めつけないで、「できることは何か」をまずは考えましょう。

このママの悩み、痛いほどよくわかります。自分が学校行事に行けないことで、子どもがつらい思いをするのではないかと思うと、ママとしてはたまらないわよね。

でもね、「私は行けない」と最初からあきらめてはダメ。「なんとか参加してみよう」という前提から始めること。前向きに考える姿勢が大切なんですよ。

ほとんどの小学校では、入学するとすぐに年間行事の予定表をもらえます。まずはそれに目を通してね。そして「これはどうしても行ってあげたい」と思う行事に印をつけて、行ける方法はないか考えましょう。前もって希望を出せばお休みできないか、勤め先と相談してみてもよいのではないかしら？

それがかなわないのであれば、かわりに行ってくれる人にお願いすることも考えましょう。たとえば、おじいちゃんやおばあちゃん、あるいはお友だちのママとかね。親しい仲間をつくっておいて、「悪いんだけど、うちの子も見てもらえないかしら？」ってね。あらかじめママ友同士の関係をつくっておくことは、働くママにとっては、とても重要なことですよ。

それでも無理な場合はもちろんあるわね。そうなってはじめて「こういう事情で行けないけれど、ごめんね」と話せばいいのではないかしら。ママの気持ちを正直に伝えれば、子どもはちゃんと理解してくれますよ。

尾木ママの子育て

愛コトバ

最初から
あきらめないで、
前向きに考える姿勢が
大切なんですよ。

お悩み3

Q 好き嫌いが多く、給食がプレッシャーになっています。

息子は食べ物の好き嫌いが多く、はしを使うのも苦手です。そのため、入学後の給食が今からとても心配です。

クラスごとに給食の「完食」を目指している学校もあると聞きます。時間内に食べ終わることができればいいのでしょうけれど、食べる量や時間などは、子どもによってペースが違うと思うのです。せめて低学年のうちは少し配慮してもらえるといいなと思いますが、難しいのでしょうか。早く食べる練習や好き嫌いをなくすように、家庭でもがんばったほうがいいでしょうか。

（K・Aさん）

A 給食が始まっても難しいようなら先生に相談しましょう。

好き嫌いが多かったり、食が細いといった、給食に関係する不安や心配事は、入学前によく聞かれます。このママのいう通り、食べる量やスピードには個人差があるわ。だから最近の学校では、量を最初から少なく盛ってもらうようにするなどといった取り組みを行っているところが増えています。食べきれる量をきちんと食べ、クラス単位での完食を目指しているのね。

けれど、給食の時間はどの学校も短いと思います。準備も含めてだいたい40分程度ではないかしら。1年生のうちはまだ準備に時間がかかるので、食べる時間は20~25分くらいだと思っていたほうがよいでしょう。もっとゆとりをもって味わえるようにしてあげられたらいいんですけどね。ちなみに学年が上がるにつれて、準備も早く終わるようになるから、その分食べる時間は長くなるようですよ。だから、給食を楽しく食べられるようにするには、1年生の最初が肝心だといえるでしょうね。

この子のように、食事に不安があるお子さんは、入学前にできることをやっておきましょう。

食べるのが遅くても、手際よく食べられるようになれば、少しは違うはずよ。たとえば、食事の途中ですぐに遊んでしまう子は、テレビを消して、おもちゃや本なども片づけて、食べることに集中させましょう。

好き嫌いが多い子は、嫌いな食材を細かく刻んで調理したりと工夫してね。そして、子どもが食べてから種明かしするの。「今日のカレーには、なんと、○○くんの嫌いなピーマンが入ってたのよ！　すごいね、食べられたね！」ってね。

給食が始まるまでに、少しでも給食が楽しみに感じられるようになるといいですね。

尾木ママの子育て
愛コトバ

給食は「早く」ではなく
「手際よく」食べるを目標に。
家庭では食材に対する
苦手意識がなくなるよう
調理を工夫しましょう。

お悩み4

Q

学習教材が大好きなわが子。学校の授業より先に進めないほうがいいですか？

幼いころから通信学習を始め、本人がやりたがるので3歳で年中、年少で年長の教材をやらせました。ただ、入学前に小学生の教材をやらせるのは抵抗があり、年中では文字をきれいに書くことなどをやらせていました。が、年長になると子どもが自ら1年生の市販ドリルを選び、30冊もやってしまいました。勉強が好きなことはありがたいのですが、今後も同じように先々の学習をさせてもよいか悩んでいます。本や図鑑も好きなので、そちらに目を向けさせるようにして学校の勉強は進めないほうがよいでしょうか。

（K・Yさん）

A 横に広がり、深く掘り下げる学習をどんどん取り入れましょう。

「このまま先へ進める学習だけでいいのだろうか」と疑問をもたれたことは、すばらしいことです。なかには、わが子の学習が先に進むことに単純に喜びを感じてしまう親御さんもいるわ。けれどこのママは「横への広がりと深く掘り下げる学習が大切」だとわかっている。だから、図鑑を与えたり、字をきれいに書かせたりして、学習の質を上げることも考えているんですよね。

といっても、すでに1年生のドリルはお子さんの意思で30冊も終えているのよね。ひょっとしたら1年生の授業はすでに知っていることばかりで「つまらない」と感じてしまうことがあるかもしれません。

そこで、入学したらまず担任の先生に相談しましょう。「入学前から先々の学習をやらせてしまい、今後どうしたらいいかわからないんです」ってね。そうすれば、今後のアドバイスをしてくれると思いますよ。

家庭では、たとえば学校でひらがなを習ったら、「ひらがなはね、漢字を崩してできた文字なのよ」などと、その由来について教えるのもいいわね。そうすると、ひらがなをまた違った角度から見ることができて、楽しいものに感じるかもしれません。このように、授業に合わせて広がりのある話をママがしてあげるのも学習を深めることにつながりますよ。

尾木ママの子育て

愛コトバ

授業に合わせて
広がりのある話を
ママがしてあげて。
学習を深めることに
つながりますよ。

お悩み5

Q

恥ずかしがり屋の息子に友だちができるか心配です。

息子は人見知りなうえに、とても恥ずかしがり屋です。大人はもちろん、同年代の初めて会う子どもの前でも、なかなか話ができず、いつまでも私の後ろに隠れています。それでも時間がたてば、少しずつ仲よくはなるのですが、とても時間がかかるのです。

このような性格なので、入学してから友だちができるのだろうかと、とても心配しています。息子が打ち解ける前に、みんなが友だちになってしまって、息子をあとから受け入れてくれるのかどうか……。

入学式までにせめて少しだけでも社交的になってくれたらと思いますが、どうしたらよいでしょう。

（N・Mさん）

A ママは不安な気持ちを引っ込めて、いつでもニコニコ笑顔でいましょうね。

この子はママがとても大好きなのね。そばから離れるのを躊躇している感じかしら。

人見知りは、赤ちゃんが他人を認識して、ママと区別ができるようになると始まります。これはママの愛情が子どもにしっかりと伝わっている証拠でもあるんです。だから、人見知りすること自体は、おかしいことではありませんよ。ママの愛情が、子どもにとって安心できる場所になっている。だから、不安を感じると安全なところへ隠れようとするのね。

この子の場合は、そこからもう一歩踏み出せずにいるだけなんですよ。母港から船が出るのと同じね。母港が安全な場所で、いつでも帰ってこられると思っていれば、船は安心して出ていけますよ。けれど、不安な気持ちが少しでもあれば、母港の中にずっととどまってしまうの。

ママは引っ込み思案なわが子をとても心配しているし、学校で大丈夫かしらと不安を感じていますね。その気持ちが、表情や態度にあらわれてはいないかしら。

子どもにとって、ママの笑顔がいちばん安心できるもの。ママがいつもにこやかにしていれば、子どもに安心感を与えられるんですよ。安心が得られてはじめて、周囲に興味や関心が向くのね。

だから、「この子には友だちがちゃんとできるのかしら」と心配しているママの気持ちを、この子は敏感に感じ取っているのだと思います。

また、子どもは、ママがこんなに自分を心配しているのだと思うと、自分に自信がもてなくなってしまうのね。不安な気持ちを引きずったまま、ますますママのそばから離れられなくなるわ。

ママは「この子なら大丈夫」って、まずは子どもを信じましょう。そして、いつでもニコニコ笑顔を忘れずにね。ママが泰然としていれば、必ず子どもは外へ出ていこうとするわ。

それから、ママのほうから積極的に子どもの友だちに話しかけてもいいわね。「○○ちゃん、今日はかっこいい洋服着てるね」とかね。子どもが話すきっかけをつくってあげるの。そうすれば、その友だちとも少しは親しみやすくなるのではないかしらね。

ママが子どもを押し出すのではなく、ママのほうから動いてみて。そうすれば子どもも動きますよ。笑顔と行動、ぜひやってみてくださいね！

尾木ママの子育て

愛コトバ

ママはいつでも
笑顔を忘れずにね。
ママが泰然としていれば、
子どもは安心して
外へ出ていこうとしますよ。

小学校生活を楽しむ3つのポイント

入学したら6年間もお世話になる小学校。だからこそ、ママにも小学校生活を思う存分楽しんでもらいたいなと思うんです。そのためのポイントは3つあるわ。

① 1人でできることは子どもに任せて、ママは一歩下がって見守りを。

たとえば、「宿題をやる」「時間割りをそろえる」といった学校関係のことや、「着替える」「1人で起きる」といった生活に関することを、最初はママも一緒に考えて取り組むこと。それをくり返すなかで、子どもに自立心がゆっくりと芽生えてきます。

少しずつでもできるようになってきたことは子どもに任せて、ママはそれを一歩下がって見守りましょう。「過干渉」と「一緒に取り組む」ことの感覚を間違えないように、しっかりサポートしてあげてくださいね。

② 子どもに先生の悪口は言わないでね。

子どもにとって、ママの言うことは「絶対」なんです。ママが「いい」と言えば「いい」と思うし、「嫌だわ」と思えば「嫌だな」と感じるの。だから先生のことは決して悪く言ってはダメよ。子どもが先生に不信感を抱いてしまいますからね。不信感を抱いた子どもはその先生の授業を聞かなくなってしまいます。授業を聞かないと、「授業がわからない」→「成績が下がる」と悪循環。子どもにとって、いいことはひとつもありません。

反対に、先生のいいところはどんどん子どもに伝えましょう。子どもに学校を好きでいてもらうには、信頼できる先生が不可欠なのです。

③ 学校にはできるだけ足を運びましょう。

PTAやボランティア活動、学校公開など、学校へ足を運ぶ機会は多くあります。そんな機会には、できるだけ集団のなかにいるわが子の様子を見ておきましょう。ただし、ほかの子と比べてはダメよ。クラスにはさまざまな個性をもった子がいます。そのなかで、わが子も生き生きと過ごせているかな、というところを見てくださいね。

第2章

1学期

「小学校って楽しいな」と思ってもらえるようにわが子と先生の力を信じて見守ってね。

入学式の翌日から、授業はスタートします。といっても、初日からいきなり教科書通りに授業を始めることはないはずよ。1年生の先生は、子どもたちに学校での生活に早く慣れてもらえるように、そして「小学校って楽しいな」と思ってもらえるように、さまざまな配慮と工夫を心がけています。

ママは「うちの子、大丈夫かしら」って、まだまだ不安や心配は大きいと思うけれど、わが子と先生の力を信じて見守ってもらいたいなと思います。

それから、入学してしばらくの間は、朝の時間や給食の時間などに、1年生のお世話を6年生がするという学校は多いわ。朝、子どもについて教室をのぞいてみると、6年生のお兄さん、お姉さんがいるはずよ。「ランドセルはロッカーにしまおうね」「そろったら、みんなで遊ぶよ!」なんて、てきぱきとお世話をしている様子が見られるわ。そんな6年生を見て、わが子の成長を想像するのは楽しいもの。「うちの子も5年後はあんなふうに1年生のお世話をするのかしら」なんてね。なんだかワクワクしてきませんか？

どんなに学校で楽しく過ごせていても、初めての環境に子どもは多少なりとも緊張しています。家庭ではできるだけ子どもがリラックスして過ごせるようにしましょう。「ちゃんと授業聞いてきた？」「忘れ物したんじゃないの？」なんて質問攻めにしてはダメよ。おやつを用意して、「今日は、どうだった？」と子どもの話をゆったりと聴いてあげてくださいね。

「小学校に上がった途端、夕食後にすぐ寝てしまうようになった」といった話はよく聞くわ。生活パターンがまったく変わるし、「やらなくてはいけないこと」が増えるから疲れてしまうの。あたりまえのことなのだけど、規則正しい生活を習慣づけることはやっぱり大切なのだと痛感します。夜は遅くとも9時には寝かせ、登校の1時間前には起きる習慣をつけましょう。

お悩み6

Q

「忘れ物が多い」と注意を受けてしまいました。

基本的に時間割りは本人に任せていますが、私が「やったの？」と聞かないとやりません。声をかけないと、当日の朝、自分でそろえていきますが、そんな日はたいてい忘れ物をしています。

初めのうちは、学校まで私が届けていました。けれど、子どものためにならないのではと考え、届けるのをやめました。とはいえ、先生に注意されるとさすがに落ち込みます。親としてどのようにサポートしてあげたらよいでしょう。

（Y・Hさん）

A 時間割りのそろえ方をパターン化してくり返し教えましょう。できたらしっかりほめてあげてね。

親としては、忘れ物がないか毎日心配ですよね。きっとママは、最初に時間割りに合わせた持ち物のそろえ方を教えたのではないかしら。でもね、まだ1年生ですから、1人でできなくてあたりまえなのだと思っていたほうがいいわ。

忘れ物をしないためには、親子で必要なものを一つひとつ確認しながらそろえること。後々、子どもが1人で準備ができるようになるためにも、最初のうちはしっかりサポートしてあげましょう。

ポイントは、時間割のそろえ方をパターン化して、子どもにくり返し教えること。「準備はこうやるもの」だと感覚的に覚えたら、夏休み前ごろから2学期にかけて、自分でそろえることができるようになると思います。

自分でできるようになったら、「忘れ物はないかな？」と親のチェックタイムを設けましょう。子どもも「ママがしっかり見ていてくれる」と思えば、はりきってやるはずよ。これは、慌ただしい朝より、前日の夜のうちにやるほうがいいわね。

生活リズムのなかに「明日の準備」が組み込まれれば、忘れ物をしない大人へと成長します。1年生のうちに1人で準備ができるようにすることは、自立の力を育むことにもつながるんですよね。

それから、できたことはしっかりほめてあげることが大切。「忘れてるじゃない！」などと、できなかったことを責めるのはやめてね。それより、「筆箱は忘れちゃったけど、ほかは全部そろえられたね。よくできたね。えらいわ！」って、表情豊かにほめることが大切なの。

「自分でできるようになった」という達成感や自信こそ、その子の自己肯定力や可能性を高めることにつながっていくんですよ。どうぞ、焦らないでね！

尾木ママの子育て

愛コトバ

１人で準備が
できるようにすることは、
自立の力を育むことにも
つながりますよ。

お悩み7

Q

毎朝、怒っては反省のくり返し。どうしたらいいでしょう。

毎朝、わが子の行動にイライラしてしまい、つい怒ってしまいます。朝、パッと起きなくて怒る、朝ごはんをなかなか食べずに弟と遊んでいて怒る、朝の学習をしなくて怒る、歯磨きをしなくて怒る、結果、時間がなくなって怒るのくり返しです。

「ほめて、やる気にさせて……」とはほど遠いわが家の朝。「今日も怒ってしまった……」と、あとからいつも反省しています。どうしたら、怒らずに接することができるでしょう。

（S・Nさん）

A　一度深呼吸して怒りを鎮め、できるだけ穏やかに「どうしたの？」とたずねましょう。

時間のない朝に、わが子をいつもイライラと怒ってしまうママの気持ちもわからなくはないわ。でもね、それはお互いの関係にもよくありません。子どもがママの「早くしなさい！」に慣れてしまうと、「ママがまた何か言ってる」としか感じなくなって、ママのメッセージはいつまでたっても届きませんよ。

たとえば、どうして朝ごはんの途中で弟と遊んでしまうのか、その「どうして」を本人に語らせればいいんですよ。「どうしたの？」という言葉でね。

怒りに駆られていたら、一度深呼吸をしましょう。そしてやさしく、穏やかに「あら、どうしたの？」ってたずねるの。すると、子どもはちゃんと理由を話してくれますよ。たとえば「●●ちゃんが、△△していたから、もっと上手にできるように教えようと思ったんだ」ってね。

ごはんの途中でただ遊んでしまうだけだと思っていたけど、じつは弟を思いやった結果の行動だとしたら、ママの怒りも鎮まるのではないかしら。むしろ「弟思いなのね」って、ちょっとうれしくなりませんか？　そこをまずは認めてあげましょう。

そのうえで、「あなたは学校があるから、自分のことを先にやろうね」と話すの。そうすれば、子どもの行動も変わってきますよ。

子どもって、親が思っている以上に純粋で、いろいろなことを考えているんですよね。その結果の行動であって、子どもにとってはすべてが意味のあることなんですね。そこをしっかり聴き取って理解すること。「どうしたの？」とたずねて、わが子のことが見えれば見えるほど、子育ては楽しくなりますよ。

尾木ママの子育て

愛コトバ

子どもの行動には
ちゃんと理由が
隠されているもの。
しっかり聴き取って
理解しましょう。

お悩み8

Q

手がかからず「いい子ですね」と言われる次女。がまんしているのではと心配です。

娘は2番目（次女）ということもあり、あまり手のかからない子です。保育園でも「お話をきちんと聞いてくれるし、いい子です」と先生からずっと言われてきました。しかし「いい子ですよ」と言われるたびに、がまんしているのではないかと、かえって心配になるのです。娘は自分の感情を表に出さず、どちらかといえば何かとがまんするタイプです、入学後は、環境が変わったことで、周囲に気を使ったり、がまんしたりすることが増えて無理をしているのではないかと心配です。そんな娘を親としてどのようにフォローすればよいでしょう。

（Y・Kさん）

A 「いい子症候群」になっていないか、子どもの様子を確認しましょう。

「いい子ですよ」と言われて、喜ぶママは多いけれど、逆に心配だと思える。このママのように、異なる着眼点からわが子を見る姿勢は、親としてとても大切なんですよ。

この子がもし長女なら、ママの心配が当たっている可能性が高いかもしれないわ。けれど、次女の場合は、必ずしもそうとは限りません。

お姉ちゃんって、家庭ではつねにいろいろと大人に言われる場面が多いもの。叱られるだけではなくて、もちろん、ほめられることも含めてね。そんな様子を妹はしっかり見ているわ。お姉ちゃんはどんなことをして叱られ、どんなことでほめられているかをね。だから、「私もほめられたい！」と思えば、それがすぐにできるのが妹なんですよ。

ただひとつだけ心配するとしたら、「私がこうすればママが喜ぶ」などと、どういう行動をすればいいかをつかみすぎてしまうこと。そうなると、親の前だけで親を喜ばせるための行動や態度をとり、自分の感情が空洞化していく「いい子症候群」になってしまう可能性がないとはいえません。

でもね、このママはわが子の様子にこれだけ気づくことができているわ。このことを頭の片隅に入れておいて、わが子が素直に喜怒哀楽の感情を表現できているか、そこだけ押さえていれば大丈夫だと思いますよ。

尾木ママの子育て

愛コトバ

喜怒哀楽が素直に
表現できているか、
そこを押さえていれば
大丈夫ですよ。

お悩み9

Q

子どもの友だちとどうつき合えばいいでしょう?

娘が友だちと放課後に遊ぶ約束を、学校でしてくるようになりました。けれど、お互い約束した時間が違っていて、「会えなかった」と帰ってくることもあります。友だちだけで遊ぶとき、どんなことに気をつけたらよいでしょう。また、ときどき友だちを家に連れてくることがあります。子どもの友だちをどのように扱えばいいか、正直戸惑っています。連れてくる子の親をよく知らないということもあるかもしれません。わが子と同じように接してもよいのでしょうか。

(A・Nさん)

A 子どもを家に送りがてら、あいさつを。親同士のコミュニケーションは必須ですよ。

小学生になると、こうした友だち同士のコミュニケーションが増えてくるわね。子どもとの接し方も大切ですが、まずその前にやっておくべきことがありますよ。

それは、親同士がしっかりとコミュニケーションをとっておくこと。これはとても重要よ。といっても、難しく考える必要はありません。遊びにきた子どもを自宅まで送るついでに、その子の親にあいさつをすればいいんですよ。「うちの子が仲よくさせてもらっています」ってね。

できれば連絡先を交換しておきましょう。たとえば、家にランドセルだけ置いて、おうちの人に何も言わずに出かけてしまったときも、「今、うちで遊んでいますよ」とお知らせしたり、逆に知らせてもらえたりしますからね。

また、子どもが約束してきた内容を親同士で確認しておけば、時間の間違いなど行き違いを防ぐことができるし、どちらかの家で遊んでいたら、「時間になったら、子どもに帰るように声をかけてください」とお互いにお願いすることもできますよね。

それから、子どもには、おうちの人に必ず行き先と遊ぶ相手、帰宅時間を告げてから出かけるように約束をさせること。これはとても大切ですよ。

公園などで遊ぶときは、1人でも大人が見守ってくれているといいわね。それが難しい場合は、学校の校庭開放などボランティアの見守り隊がいてくれるようなところで遊ばせましょう。それから、親が留守の家で、子どもだけで遊ばせるようなこともやめたほうがいいわね。

「あれもダメ」「これもダメ」ではなくて、親同士が協力して前向きに解決していく姿勢が大切です。子どもの遊ぶ様子をみんなで見守り、のびのびと過ごせる環境をつくれるといいですね。

尾木ママの子育て

愛コトバ

親同士のコミュニケーションは必須。
みんなで見守り、
のびのびと
遊ばせましょう。

お悩み10

Q

苦手なお母さんとどうつき合えばよいか悩みます。

娘の小学校は1学年1クラスしかなく、6年間同じメンバーで過ごします。じつは、娘の友だちのお母さんがとても苦手で、保護者会や運動会などで顔を合わせることを考えると、とても憂鬱になります。

悪い人ではないのですが、あれこれと詮索するようなことを聞かれたり、人のうわさ話ばかりするので、とても疲れてしまいます。できるだけ顔を合わせないようにしていますが、娘同士の仲がよく、遊び友だちでもあるので、なかなか難しいのです。

あと6年間もがまんしなければいけないと思うと、ため息もつきたくなります。尾木ママにそういうママ友がいたらどうしますか？

（S・Kさん）

A

目線を変えて、新たな人間関係を築きましょう。

入学することで、親も子も環境はガラリと変わりますよね。子どもは、新しい環境に置かれると、友だち関係もどんどん変わっていきます。子どもが習い事を始めたり、ママもＰＴＡの役員、学校関係のボランティアなど新しいことを始めたりすると、新しいつながりや関係が広がっていくわ。あるいはほかの学年のお母さんたちとのつながりもね。このように、自ら人間関係を積極的に開拓しようと思う気持ちが大切よ。

これまでの延長線上で考えてしまうから、「どうしよう」って思っちゃう。過去から未来を見ようとしてはダメ。現在から未来を見るの。そうすると、いろいろな可能性が見えてきます。こうした目線を変えるだけで、ずいぶん視野が広がるんじゃないかしらね。

それから、子ども同士が仲よしだからといって、親同士が無理につき合う必要はないわ。「子どもの友だちのお母さん」＝「ママ友」ではありませんからね。

ただ、子どもがお世話になっているのだから、近所や学校などで会った際には、「いつもお世話になっています」などと、あいさつだけは忘れずにしてくださいね。

尾木ママの子育て
愛コトバ

新しい人間関係を
積極的に開拓する
気持ちをもちましょう。
現在から未来を見ると
視野が広がりますよ。

お悩み11

Q

友だちと簡単に物を交換してきます。やめさせたいのですが。

娘の筆箱に見覚えのない鉛筆キャップが入っていました。娘に聞くと「○○ちゃんからもらった」と言います。「あなたのは?」と聞くと、「△△ちゃんにあげた」とのこと。「明日すぐに返しなさい」ときつく叱りました。ところが再び、娘のものではない消しゴムが入っていました。あげたりもらったりすることを簡単にしてはいけないと教えたつもりでしたが、伝わっていないようです。どうすればよいでしょう。

(Y・Kさん)

A クラス全員に声かけしてもらえるように担任の先生にお願いしましょう。

当人同士が納得して交換しているのだから、別に問題はないのではないかと思うママもいるかもしれませんね。けれど、この年齢では物の交換や貸し借りの概念がまだ確立していなくて、とても曖昧です。だから「取った」「取らない」などのトラブルに発展する危険があるんですね。

まずは担任の先生に「家庭でも話をしているのだけれど、先生のほうからも声をかけていただけないでしょうか」とお願いしてみたり、クラスの様子を連絡帳を通してたずねてみてはどうかしら。

こうした友だちが関わる問題は、家庭だけで解決するのは難しいんです。やはり最終的には、先生に子どもたちと約束を決めてもらうといいと思います。

頭が痛くなる話だと思うでしょう。けれど、親と子にとって、これは立派な学習の機会なんです。こうした問題をきっかけに、ほかの家庭の考えや子どもの個性など、いろいろなことに気づくことができるんです。これからもさまざまな問題が起きるでしょう。それを解決する糸口をみんなで考え、意見や思いを出し合い、協力していくことで、共に成長していけるといいかなと思います。学校は社会性を身につけるトレーニングの場だと思うと、こうした問題にも前向きになれるし、案外楽しいものですよ。

尾木ママの子育て

愛コトバ

学校は社会性を身につける
トレーニングの場だと思うと、
人間関係の問題にも
前向きになれる。
案外楽しいものですよ。

お悩み12

Q

登下校班の友だちが嫌で、ストレスを抱えているようです。

娘は友だちの世話をしたり、指示を出したりするのが好きな「お姉ちゃんタイプ」の性格です。

入学してから、6人の班で登下校をしていますが、そのなかの1人が娘と同じ「お姉ちゃんタイプ」で、その子が指示を出してなんでも決めてしまうらしいのです。娘はその子に何かを言われたり、指示されたりするのがとても嫌で、ストレスになっているようです。

とはいえ、決められた登下校班なので、その子だけを避けることはできません。親として、どのように対処すればよいでしょう。

（H・Sさん）

A まずはママが子どもたちの様子を確認して。それから協力し合えることを考えましょう。

ママは朝の子どもたちが集まっているときの様子を見たことがあるかしら？まだ見ていないのなら、ぜひ一度、実際に様子を確かめましょう。娘さんは嫌だと思っていても、相手の子はママが想像していたような感じではないかもしれないわ。直接、自分の目で確かめることで、子どもたちの様子からいろいろなことがわかりますよ。

娘さんと話し合うのはそれからね。リーダーとしてやりたいなら、役割を決めてみるとかね。２人が協力し合える方法を一緒に考えてあげましょう。

忘れてならないのは、今後、わが子が成長するにしたがい、さまざまなタイプの人間とつき合っていくことになるということ。今はその子とウマが合わなくても、何かのきっかけで意気投合することだってあるかもしれないわ。その子との出会いをポジティブにとらえることで、ママの気持ちにも余裕が生まれるのではないかしらね。

ずっと姉御肌だったわが子が、入学してから「私と同じような子がいる」と気づく。そして「私も同じようにほかの子に嫌な思いをさせたことがあったかもしれない」なんて、その子を通して、自分を省みるきっかけにもなるんですよね。

まだ小学1年生ですから、そこまではっきりと口に出すことはないと思うけれど、そこはママがしっかりサポートしてあげましょう。ストレスをストレスだけで終わらせないでね。そこから気づくことはたくさんありますからね。それが、わが子の人生において、すばらしい財産になるんですよ。

尾木ママの子育て

愛コトバ

ストレスから
気づくことは
たくさんあるわ。
それが、子どもの人生において、
すばらしい財産になるんですよ。

お悩み13

Q 担任の先生を信頼することができません。

入学以来、私自身が担任の先生を信頼できずにいます。でも子どもにそれが伝わると不安にさせてしまうと思い、娘の前では一切言わないようにしています。

しかし娘は先生をよく見ていて、帰ってくると先生になりきって遊びます。こちらが感心するほど先生の特徴をとらえていて、今の担任の様子がよくわかるのです。強い口調や脅すような言い方、スムーズにことが進まないいらだちが伝わってきます。

「安心して任せられる」と私が思えない先生に子どもを預けるのはとても抵抗があります。時間がたてば信頼できるようになるでしょうか。

（E・Yさん）

A どんな先生にもいいところは必ずあるはず。同じクラスの保護者と情報を共有しましょう。

子どもは親が思っている以上に、大人の様子を観察しています。この子はすでにママの顔つきや表情、言動から敏感に感じ取っているのだと思いますよ。「ママも私と同じことを思っているんだ」ってね。だから、先生のそういうところをマネて見せているのかもしれません。もちろん、本人は無意識にやっているのでしょうけれど。

この先生には嫌なところがあるのでしょう。けれど、いいところもきっとあるはずよ。大切なのは、先生を３６０度立体的にとらえること。参観のときに見て、「やっぱり……」と納得しているようでは、それ以上のことは何も見えてこないわ。先生の一面だけに注目しすぎると、ほかの面が見えなくなってしまいがちです。ときには「この先生の素敵なところはどこだろう」と、探す努力も必要です。どんな人間にも、いいところと悪いところがあります。ママがもっと先生を知ることで、娘さんの不安解消にもつながるかもしれません。

一方で、先生に関する相談は、保護者同士でするのがいちばんいいんですよ。誰かと情報を共有することで、ママ自身の先生に対するとらえ方も広がるし、あなたと異なる意見を聞き、そういう見方もあるのだなと気づくこともある。あるいは同じような意見もあるかもしれないわ。「そう感じたのは、私だけではなかったんだ」とわかれば、気持ちもラクになるはずですよ。

尾木ママの子育て

愛コトバ

先生の一面だけを
切り取らず、
「素敵なところは
どこだろう」と
探す努力も必要です。

お悩み14

Q 室内遊びが好きな息子。外で遊ばせるには？

長男は幼稚園時代から室内でブロック遊びなどをするのが好きで、外で遊ぶことがあまりないと先生に指摘されていました。

小1になり、面談の際に担任の先生から「休み時間はほとんどの子が校庭で遊ぶなかで、いつも教室でお絵かきをしていることが多いです。走るのも苦手なようですし、体力をつけるためにもなるべく外で遊ばせるように声をかけてください」と言われました。

以来、「今日、外で遊んだ？」とたずねるようにしていますが、相変わらず教室内で過ごしているようです。外で遊べるように仕向けるには、家庭でどのようにすればよいでしょう。

（N・Kさん）

A ママやパパが積極的に外へ連れ出して。「外で遊ぶとおもしろいな」と感じるようにリードしましょう。

今の子どもたちは、外遊びの時間が極端に減っていて、それが問題視されています。そこで文部科学省では、幼稚園の場合なら「毎日、合計60分以上、楽しく体を動かすこと」というガイドラインを設けているわ。幼稚園のときに「外遊びが少ない」と先生に指摘されたのは、こうした背景があるからだと思います。

けれども、この子の場合は外遊びの経験が少ないために、外遊びをしたがらないように感じるの。ママでもパパでもいいわ。これまでに子どもと一緒に外で積極的に遊んできたといえるかしら？　外へ連れ出しただけじゃダメよ。一緒に楽しむ経験が必要なの。少しずつでもいいので、「外で遊ぶと楽しい」と感じさせることが先決だと思います。

もし、外で長く遊ぶのが苦手なら、5分、10分でもいいわ。まずは子どもと一緒に遊ぶ楽しさを共有しましょう。こうした経験を積むうちに、子どももみんなで遊ぶ喜びや外で体を使って遊ぶ楽しさに気づいていくものなんですよね。

それから、「外で遊んだ？」とたずねるのはやめたほうがいいわね。これは「閉じた質問」といって、相手に確認するだけで、会話にならない聞き方なんですね。しかも、外遊びを、しなくてはいけない「義務」としてとらえてしまうと、素直に楽しめなくなってしまう危険もあるわ。そこをかわりに「今日はどうだった？」と聞けば、答えの範囲も広がるでしょう。「○○くんと公園でブランコして少しだけ遊んだよ」ってね。子どもには、こうした「開いた質問」で話しかけましょうね。

尾木ママの子育て

愛コトバ

**ママやパパも
外で遊ぶことの
楽しさを見出し、
子どもと共有しましょう。**

お悩み15

Q 雨が降ってきたから傘を届けることは過保護になりますか？

小4、小1、8か月の子どもをもつ母親です。子どもを過保護にしていないか悩んでいます。

過保護にされて育った子どもは、学校や社会で傷つきやすい子になってしまうかもしれないと思うからです。たとえば、傘を持たずに登校した子どもに、雨が降ってきたから傘を届けることは過保護になりますか？　子どものためになることは何か、いつも考え、やってあげたほうがいいのかどうか迷っています。

（K・Kさん）

A 自分で決めて行動できるようにサポートしてあげましょう。

たとえば、「雨が途中で降ってしまって、うちの子が濡れていると思うんです。だから先生、頭をタオルで拭いてやってください」という連絡を学校にするのは過保護です。

一方、このママのように「雨に濡れたら大変だから」と、親御さんが傘を学校に届けるという発想自体は過保護ではありませんよ。けれど、忘れたことで決定的に困ることは少ないかもしれませんね。また、最近は忘れものを届けるのを禁止している学校もありますよね。

事前にできることとして、ひとつアドバイスをするならば、傘が必要かどうか、子どもが自分で判断できるように仕向けたいわね。そのためには、ママが声掛けすることがとても大切なんですよ。

「きょうの天気はどう？」「曇ってるよ」「どうする？　傘持っていく？」

　最後は子どもに傘を持っていくかどうかを決めさせるの。じつはこれ、自己決定力を育む声かけなんですよ。自分で判断して決めることができるようになれば、自己責任の意識も同時に育ちます。

　たとえば、傘を持たないで出かけて、途中で雨が降ってきて濡れてしまったとします。ママの判断で傘を持たせなかったら、その子は「ママのせいで濡れちゃったじゃないか」とママのせいにする。それでは何ひとつ学べません。

　一方、自分で傘を持たないと決めたのなら、「しまった、これからこういう空の色のときは、傘を持っていくようにしよう」と、子どもは学習するんです。つまり、自己決定すれば自己責任の感覚が育ち、さらには生活の知恵や生きる力も身についてくるということなんですね。

　このように、親は自己決定の力を育てる援助をすることが大切です。それぞれの家庭や子どもの個性に合わせたやり方を見つけてくださいね。

尾木ママの子育て

愛コトバ

自己決定が
できるようになれば、
自己責任の感覚も
同時に育ちます。
自分で決めたことだから
反省するし、そこから学べるんです。

連絡帳、授業参観、保護者会を上手に活用

【連絡帳】

いいことも、悪いことも！　先生にどんどん伝えましょう。

小学校の連絡帳は、ママが何か書いていたとしても基本的には先生のコメントが返ってくることは少なく、サインだけのことも多いわ。でもね、それは「子どもを見ていないから書けない」のではないんですよ。

先生って、ホントに時間がないの。それでも、給食の時間や短い休み時間の間に、連絡帳には必ず目を通します。

本来であれば、家庭であった些細なことでも、連絡帳で担任の先生に知らせれば、その子やクラスのみんなへの指導に生かすこともできます。でも、先生は読む時間が限られているから、最近では連絡帳に書く内容を「欠席や早退・遅刻の連絡や、特に重要な連絡」といったことに限るなどとする学校も少なくないようです。

もちろんルールは守りながらも、先生に伝えたいことは伝える姿勢はもちま

しょうね。たとえば、「今朝、おなかの調子が悪いと言って学校へ行くのをしぶっていました。本人に聞いてみたところ、昨日○○くんとケンカしたのが原因のようです」とかね。連絡帳で伝えきれないことは、放課後に電話したり、事前に連絡したうえで学校を訪ねてもいいかもしれません。ママが「受け手」ではなく、先生のほうが「受け手」なんですよ。

【授業参観（学校公開）】
クラス全体の雰囲気や先生のまなざしを要チェック

授業参観（学校公開）では、どうしてもわが子だけを目で追ってしまいがち。「ちゃんと手を挙げられるかしら？」「先生の話を聞けているかな？」なんてね。

でもね、授業参観でいちばん大切なのは、クラス全体の雰囲気を見ることなんです。「うちの子のクラスって、こんな感じなんだ」ってね。クラス全体のイメージや印象をまずはつかむこと。そして、このクラスで、うちの子はどんなふうに過ごしているんだろうって、様子を見ることが重要なんです。

それから、先生のまなざしがどこに向けられているかということも見てほしいですね。たとえば、授業中に落ち着きのない子や少し手のかかる子に対してどんなケアをしているのかな、とかね。授業を通して見える先生の人柄や目配り、子どもたちへの思いやりも、しっかりチェックしておきましょう。

もちろん、わが子のいいところを見て引き出そうとしてくれているか、苦手な面をフォローして導いてくれているかも、重要なチェックポイントです。

先生だって、授業参観の日ははりきりますよ。「いつもよりいい授業をやろう！」と思うもの。そんな先生の気持ちは子どもたちにもしっかりと伝わるから、子どものほうもつい緊張しちゃう。そうすると、うまくいかないこともあったりして、先生も焦っちゃう（笑）。「あれ、いつもと違う！」ってね。先生だって人間ですからね。そんな先生の様子を見るのも楽しいわ。だから初めての授業参観は、ママもクラスの一員になったつもりで見てくださいね！

【保護者会】

親同士が顔を合わせる絶好のチャンス　あいさつは忘れずにね！

子どもが小学生になると、幼稚園や保育園では必須だった送り迎えがなくなるし、行事もシンプルになってくるから、親同士が顔を合わせる機会は少なくなります。だから、保護者会に出席することがじつはとても大切なんです。とくに1年生の1学期の保護者会は、まさに親の顔合わせのようなものではないかしら。

保護者会では、ほかの親御さんにきちんとあいさつをしておきましょう。小学生になると、子どもは親を介さず遊ぶようになります。保護者会は、そんな子どもの友だちのママと会える大事な機会になるんですよね。

「うちの子がいつも仲よくさせてもらっています」ってね。無理をしてまでママ友になる必要はないけれど、良好な関係が築けるといいですね。

第3章

夏休み

1学期の緊張の糸が緩む夏休み。家庭ならではの生活力を育みましょう。

入学から夏休みまでの学校生活は、子どもにとって緊張の連続でした。ようやく慣れたころに夏休みとなり、緊張の糸が一気に緩んでしまう。でもね、この「緩み」こそが子どもを一段と成長させることにつながるんですよ。

長期間の休みで、家族で一緒に遊んだり、旅行や遠出をしたり、家の仕事を手伝ったりしていくなかで、子どもの生きる力はどんどん育まれていきます。そして、この「緩み」のなかでつけた力を確認する作業がママの役割。成長を感じられたら、本人にどんどん伝えましょう。

「お花の水やり、言われなくてもできるようになったね」「いっぱい外で遊んで、たくましくなったね」ってね。それが子どもの自己肯定力を高めることにつながるわ。こうして家庭の生活のなかで育んだ力は、学校だけでなく社会でも十分に通用しますからね。

ドリルや観察日記など、自由研究以外の宿題は、できればお盆までに終わるように計画を立てましょう。「ほかにも市販のドリルなどをさせたほうがいいですか」といったママの声が聞こえてきそうだけれど、本人がやりたいというならともかく、ママが先まわりしてまで用意することはしなくていいと思います。1年生の夏休みは、たくさん遊び、さまざまな経験をさせることのほうが大切。それが2学期以降の学習意欲に大きく関わってきますからね。

そして夏休み後半は、子どもがスムーズに2学期の生活に入っていけるように、ママがしっかりサポートしましょう。

お盆を過ぎたあたりから、少しずつ学校の時間を意識した生活を心がけましょうね。早寝早起きはもちろんですが、「もうすぐ学校だね」「みんなと会えるのが楽しみだね」といった会話を親子で交わすことも大切。学校への期待感をもたせ、意識させることで、学校生活にもスムーズに戻れるようになりますよ。

お悩み16

Q

夏休み中、毎日どうやって過ごせばいいのでしょう。

小学生になって初めての夏休み。最初ははりきって「今日はここに行こう」「明日は○○をしよう」などと、毎日のように出かけたり、一緒に遊んだりしていました。

夏休みの宿題もきっちりやらせたいと思い、子どもに「やりなさい」とはっぱをかけてつきっきりで見たりしていました。ところが最近、些細なことでイライラして、子どもに当たることも……。どうも気持ちが急いてしまうのです。どうしたら、夏休みをのんびりと楽しく過ごせるでしょう。

（F・Kさん）

A 「何もしない日」をつくって、子どもと一緒に楽しみましょう。

約40日もの間、おうちにいるママにはやることがたくさんあるわ。毎日の掃除や洗濯などの家事に加えて、「毎日子どもの分もお昼を作らなくちゃいけない」『宿題のドリルをやらせなくちゃいけない』『アサガオの観察もさせなくちゃいけない』ってね。でもね、こんなにたくさんのことを、「毎日きっちりやらなくちゃいけない」なんて思ったら、もう大変よ！　だからこそ、ママにはときどき「ホッ」と息抜きをしてもらいたいなと思うんです。

「あれもしなくちゃ、これもしなくちゃ」といつも気にしているうちはリラックスできないわ。「今は子どもと向き合う時間」と決めたら、気持ちをスパッと切り替えて、子どもと一緒に１００％楽しむことにしちゃいましょう。そんな気持ちの切り替えこそが「リラックス」ですよ。

たとえば、子どもがきれいな葉っぱを拾ってきて、「ママ、見て！」と言ってきたら、１００％意識を向けて見てみましょう。そして、子どもの好きなことに一緒になって打ち込んでみるの。

いつもなら、ママは洗濯物をたたみながらとか、夕飯の支度をしながらとかのことが多いものね。耳だけは傾けていても、しっかりと子どもに向き合う時間って、あまりないのではないかしら。

普段はなかなか家事の手抜きをしにくいかもしれないけれど、そんなママこそあえて「何もしない日」をつくりましょう。

毎日つくる昼ごはんだって、「今日は好きなものを食べに行こう」ってね。いつものお昼ごはんの環境を変えるだけでも、気持ちがリラックスできますよ。「今日ママは、おうちのことは何もしないし、どこにも出かけないよ。それで○○ちゃんと遊ぶだけの日にするわ」ってね。ママの気持ちも軽くなるし、子どももものすごく喜びますよ。

尾木ママの子育て
愛コトバ

「毎日きっちり
やらなくちゃいけない」
なんて思ったら、もう大変よ！
だからこそ、ママにはときどき
「ホッ」と息抜きをして
もらいたいなと思うんです。

お悩み17

Q

わが家の外遊びのルールは貫いてもいいのでしょうか。

わが家では安全面を考えて、友だちと遊ぶ場所は「歩いて行ける近所の公園まで」と決めています。

けれど、公園には自転車で来る子もいて、それを見るたびに私が息子の遊びや友だちを制限しすぎているのではないかと考えてしまいます。

また先日は、少し遠くに住む友だちのお母さんが、うちの息子と遊ばせるためにわざわざ公園まで付き添ってきてくれました。わが家の方針のために迷惑をかけてしまったなと心苦しく思っています。

人に迷惑をかけてまで、私と息子のルールを貫いてよいものでしょうか。

（H・Nさん）

A わが子を守るためのルールはこれからも貫きましょう。

このママのように、子どもの安全を考えて家庭のルールをつくることは、とても大切なことです。立地条件や道路事情など住む環境によって、家庭のルールが異なるのはあたりまえです。だから、家庭のルールを変える必要はないと思いますよ。

「友だちのママに迷惑をかけてしまった…」と心を痛めているようですが、相手のママはまったくそうは思っていないはずですよ。「わが子の友だちの家が少し遠いから、心配でついてきた」だけ。このママも、きっと相手の立場なら、同じことをしていたのではないかしら。

小学生になると、子ども同士は仲がよくても、ママ同士はあまり知らないといったことがよくあるわ。だから、このママも「迷惑をかけて申し訳ない」という気持ちになるのでしょうね。

けれど、子どもを介したおつき合いは「お互いさま」です。ここは一歩踏み出して「連れてきてくださってありがとう」と、素直に気持ちを伝えることが大切なのだと思いますよ。

家庭のルールは貫いても大丈夫。そして、何かあってもすぐに対処できるように、ママ同士の連携を取っておく努力も忘れないでね。

尾木ママの子育て

愛コトバ

子どもを介した
おつき合いは「お互いさま」。
何かあってもすぐに
対処できるようにママ同士
連携を取っておきましょう。

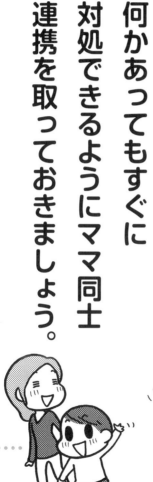

お悩み18

Q 昆虫好きの息子に命の大切さを教えるには？

息子は生き物が大好きで、公園に行っても草むらで虫がいないか探しまわります。捕まえたカマキリを虫かごに入れて、チョウチョウをカマや口元に近づけたりしています。そんなわが子の様子が気になったので、「なぜ、そんなことをするの？」とたずねたら「どうなるかなと思って」との答えが返ってきて驚きました。

どんな生き物もエサがなければ生きていけないのはわかりますが、「食べられるチョウチョウがかわいそう」という発想は通じないのでしょうか。

（M・Tさん）

A すばらしい好奇心と観察力です。きちんと理解していますよ。

この子はすばらしい好奇心と観察力をもっているわ。「どうなるのかな……」って、疑問をもって見守っている。命を大事にしていないわけでは決してありませんよ。

「食べられるチョウチョウがかわいそう」って、これはママ自身の発想ですよね。さらに不安を募らせて「動物を虐待するようになったら…」なんて思ってしまったりしてね。でも、ここは心配するところではなくて、むしろほめてあげたいところですよ。

カマキリも人間と同じ。命あるものをいただかないと、死んでしまうわ。これは命の連鎖です。この子はそれをきわめて冷静に観察する力をもっているんですよ。

息子さんが観察していたら、ママは「どうなった？」と聞いてあげましょう。

そして、

「おいしそうに食べているよ」

「そうなの！　こうしてひとつの命をいただいて、カマキリは生きていられるのね。私たちも同じだね」って、命についても話をどんどん広げ、深めていけたらいいわね。

こんなタイプの子、ボクはだ～い好きよ！

尾木ママの子育て

愛コトバ

子どもが観察していたら
「どうなったの？」と
たずねましょう。
命について、話をどんどん広げ、
深めていけたらいいわね。

お悩み19

Q

いよいよ携帯ゲーム機を欲しがるようになりました。

息子が友だちの携帯ゲームをやらせてもらうようになりました。うちに遊びに来る友だちも携帯ゲーム機を持ってきてみんなで遊んでいます。

先日、息子もとうとう「欲しい！」と言い出しました。主人とは以前から「ゲーム機は本人が欲しがるようになったら考えよう」と話していましたが、私としてはまだ早いのではないかと思うのです。ゲーム機で遊ぶよりも、公園などで体をつかって思いきり遊んでもらいたいと思うのです。けれど、「欲しい」という息子の気持ちもわかるだけに悩みます。尾木ママなら、どうしますか？

（Y・Nさん）

A
ママ自身の気持ちを素直に伝えて買う時期を子どもと決めましょう。

これは小学生のママなら、必ずいつかは抱くお悩みのひとつですね。「いつ持たせるか」「ルールはどうするか」ってね。高学年になれば、携帯やスマホを持たせるかどうかについても悩むようになるわ。

これはね、各々の家庭での考え方次第だと思うの。親が「ゲームは2年生になったらにしようね」と、しっかりと方針をもつことができていれば、まったく問題はないと思いますよ。

ただ、このママの場合はパパとともに「子どもが欲しがるようになったら、そのときに考えればいい」と思っていたでしょう。それで今、欲しがりはじめたものだから、「どうしよう」と戸惑ってしまったのね。

その気持ちのなかには、息子さんが携帯ゲーム機を持つことについて、何かひっかかりがあるのよね。それが「携帯ゲームで友だちと頭をつき合わせて遊んでほしくない。外でもっと元気よく遊んでほしい」という思いなのでは？

そんな迷いをもちながら、しぶしぶ買い与えるのはあまりよくないわ。何かのときに不満が出てくると、子どもにそれをぶつけてしまうと思うの。「だから言ったじゃない。本当は持たせたくなかったのよ！」ってね。

迷いがあるのなら、ママの気持ちを正直に話しましょう。きっと息子さんも納得するはずよ。そのうえで「2年生になったらにしようか」などと、持たせてもいいと思う時期をはっきり決めておくといいと思いますよ。

ゲーム機を持たせる〝そのとき〟がくるまでは、子どもの遊びが充実するように手助けしましょう。パパも一緒にサッカーや鬼ごっこをしたりね。やがてゲーム機で遊ぶようになっても、ゲーム一辺倒にはならない環境づくりを今のうちにしておきましょう。

尾木ママの子育て

愛コトバ

ゲーム一辺倒に
ならない
環境づくりを
今のうちに
しておきましょう。

お悩み20

Q

きょうだいゲンカが激しすぎてイライラしてしまいます。

最近、小1の長女と4歳の弟のケンカが激しくなってきました。しかも、私にいちいち言いつけにやってきます。きょうだいゲンカはしょうがないな……と思う半面、休みの日はケンカの頻度が増し、「またか」とうんざりした気持ちになります。ケンカをするな、とは言いませんが、イライラして「うるさーい！」と怒鳴ってしまうこともあります。私の気持ちも含め、うまくおさめるにはどうしたらよいのでしょう。

（K・Yさん）

A きょうだいゲンカは健全に育っている証し。両者の言い分をしっかり聞いてあげてね。

結論から言うと、きょうだいゲンカはしょうがない。ボクも姉と弟の３人きょうだいでしたけど、子どものころはよくケンカしたものです。

この場合は、お姉ちゃんと弟のケンカとしては典型的で、何の心配もないですよ。成長とともにおさまっていきます。あと５～６年の辛抱ですね（笑）。

子どもが言いつけにくるのは、ママに味方になってほしいからなんです。「ほら、ママだって言ってるよ」ってね。そんなとき、ママはまず深呼吸して、イライラした気持ちを鎮めましょう。そして、「かわいいわね。この子たちは私を求めているんだわ」と思って、「そうなの、嫌だったわね」って、ありのままに共感しながら聞いてあげましょう。それから、もう１人の言い分も聞いてあげてね。「そうなの、あなたもつらかったわね」って、聞き役になるだけでいいんですよ。それぞれの気持ちを受け止めて、広げてあげること。それがとても大切なんです。

どんなときでも、ママがそばに寄り添っていてくれることがわかれば、とことんひどいレベルに至るケンカにはならないと思いますよ。

健康的な家族像が思い浮かぶわね。

尾木ママの子育て

愛コトバ

きょうだいゲンカで
子どもが
言いつけにくるのは
ママに味方に
なってほしいからよ。
両者に共感して聞いてあげてね。

尾木ママcolumn

夏休みにお手伝いデビューを！

40日もの夏休み。「そのうちやらせることがなくなってしまいそう…」というママの声が聞こえてきそうね。それなら、ママがいつもしていることに子どもを巻き込んでしまいましょう。

たとえば、「新聞をポストから取ってくる係」でもいいんです。毎朝、「はい、持ってきたよ」「ありがとう」ってね。家族の一員として役に立つ生活というのは、夏休みだからこそ体験できるものなんですよね。

何をやるかは、家族で話し合って決めましょう。「○○ちゃん、1年生になって初めての夏休みだね。今年は、おうちの仕事を任せようと思うんだけど、できるかな？」ってね。期待されているとわかれば、子どもははりきってやってくれるはず。自分の仕事だと思ってやるし、そのうえ、ママにほめられたらうれしいものよ。

仕事は、「1人で責任をもってやらせること」のほかに、「ママと一緒にできること」もやってもらいましょう。たとえば、「ママとお皿を洗おう」とかね。同じ空間で同じ作業をするといった場面では、いろいろなお話ができるんです。同じことをしながら、親子のコミュニケーションの時間が生まれるの。これ、すごく大事なことですよ！

ただし、手伝いのごほうびとして、「お金」をあげるのはＮＧよ。

手伝いは「ママ、いつも大変だな。ボク（私）が手伝うと少しは楽になるのかな」って、ママを思いやる気持ちが原動力になると思うんですね。子どもが家族への思いやりを育み、親は「ありがとう」と感謝の気持ちを伝える。子どもはそれをうれしいと感じる……といった、すばらしい心の交流が生まれるわ。

いつまでもこうしたモチベーションを上げ続けるためには、ごほうびはとても大事なもの。でもね、それは言葉やスキンシップのごほうびで十分なんですよ。ママにギュッとハグしてもらいながら「ありがとう」なんて言われて、うれしくないわけがないわ。「お皿を並べてくれたのね。助かるわ。ありがとう！」。そんなやり取りのなかで、子どもは精神的に自立し、生活力も身についていくんですよね。スキンシップと言葉掛けを大切にしてくださいね。

第4章

2学期

1学期までは「プレ小1」、2学期から本当の意味での小学1年生がスタート！

長い夏休みが終わり、再び学校生活がスタート。「うちの子、うまく学校生活に戻れるかしら」「学校に行きたがらなかったらどうしよう」などと心配するママも少なくないかもしれないわ。とくに小1なら、「入学前に戻ってしまうのでは」といった不安感がどうしてもぬぐえないと思います。でもね、長く休んだからといって、まったくの振り出しに戻るわけではないんですよ。

4月と違って、先生やクラスの友だち、そして学校の様子もわかっている。子どもも初めての環境で、それなりにもまれて、たくましくなっているはずよ。だから、夏休みを挟んだからといって、そう簡単にもとに戻ってしまうことはないと思いますよ。

それに夏休みは、家庭での生活を通じて親子の絆を再確認し、さらに深める絶好のチャンス。夏休みの間に、親子間の信頼や絆がしっかり築けている子は、新学期を迎えても学校生活にスムーズに戻ることができる。学校で困難なことにぶつかっても乗り越える力が身についているんです。

そう考えると、入学から夏休み前までが「プレ小１」。夏休みの間に足場固めをして、９月からが本当の１年生の始まりだと言えるのかもしれませんね。

ママは、わが子の顔をよ〜く見てみてください。表情が１学期とは明らかに変わって、しっかりした小学生らしい顔つきをしているはずよ。そんなわが子を信じて、規則正しい生活リズムを守れるようにフォローしてあげてくださいね。

それから、９月の間に親子で具体的な目標を決めておきましょう。「１学期は朝、ママに起こしてもらっていたけど、自分で起きるようにがんばる」とかね。具体的で達成しやすい目標がいいわ。こうして達成感をたくさん子どもに味わわせて、自己肯定力をさらにアップさせましょう。

お悩み21

Q

宿題が多すぎて、毎日疲れきっています。

2学期になって、漢字の書き取り練習やくり下がりのひき算など、宿題が1学期より難しくなったうえ、量も増えたように感じます。帰宅したらすぐに見てやりたいのですが、私が勤めていて帰宅が遅く、子どもも学童保育で過ごします。学童でやってくれればよいのですが、やらなかったり、やっても適当だったりするので、結局帰ってからやり直すことも。けれど、本人は疲れてしまい、宿題を全部終えることがなかなかできません。途中で眠くなり、ときには泣きながらやることもあります。どうしたらよいでしょう。

（E・Hさん）

A

できない場合は、無理にやらせる必要はありませんよ。先生に相談してみましょう。

宿題が毎日出るのは、学校で学習したことを定着させるためだけでなく、家庭での学習習慣を身につけるためでもあるんですね。さらに1年生の宿題は、音読のチェックやドリルの丸つけなど親が関わることが多いの。だから、共働き家庭では子どもの宿題を見ることが時間的に難しい場合もあるでしょうね。子どもだけでなく、ママにとっても本当に悩ましいことだと思います。

でもね、宿題は「その日のうちにやる」という決まりはありませんよ。子どもの性格にもよるけれど、夜は疲れてできないのであれば、朝早く起きてやるのはどうかしら。もちろん、ママも一緒に頑張って早起きしなくちゃいけませんよ（笑）。

宿題をするわが子が眠そうにしていたら、「明日、早起きしてやろうか」と声を掛けてみましょう。そして翌朝、すっきりした頭で取り組めば、眠いなかでやるよりも短時間で終わるでしょう。

朝が苦手だったりして、どうしても難しいようであれば、「家庭の都合でできませんでした」と連絡帳を通して先生に伝えてもいいと思いますよ。1年生だと、親が見ることが前提になっている場合が多いので、家庭の事情でできないということは十分考慮されるはずです。「それでは奇数の番号だけやってください」とか、「ここまでやらせて、残りは学校でやらせます」なんてね。無理して全部をやり終えようなんてあまり思わなくても大丈夫ですよ。

尾木ママの子育て

愛コトバ

宿題は
「その日のうちにやる」という
決まりはありませんよ。
翌朝早起きして
やらせるのも手です。

お悩み22

Q

間違えることが許せない娘。どのようにアドバイスすればいい？

娘は勉強が苦手なようです。私が「ここ、間違っているよ」と指摘すると、怒りながら消しゴムで消します。「字をもう少し大きく書いたら？」と言うと、投げやりな態度で書き直します。「おかしいよ」と言うと泣きだします。

こうしたやり取りのくり返しです。上手に書けたり、間違えずにできたときはもちろんほめますが、どうやら「間違える」ことが許せないようです。どのようなやり方がいいのか、正直わからなくなってしまいました。

（H・Yさん）

A 「間違えちゃったら、もう一回書こう！」と、明るく笑ってアドバイス。

この子はね、今すごく落ち込んでいますよ。自信をなくしちゃってるようね。「情けないな、また間違えちゃった」って自分を責めて泣いているんですもの。ママも「ちゃんと教えなくちゃ」って、心のどこかで焦る気持ちはなかったかしら。これは親子ともつらい状況ですよね。

まずはママが肩の力を抜いて。「あら、間違えちゃったのね。それじゃ、もう一回書こう」って、明るく笑ってできるような手順を踏むことが肝心ね。

たしかに「字をもう少し大きく書いたら」いいのだけれど、小さい字を書く子はたくさんいるし、それは個性のひとつでもあるんですよね。だから、本人がそれでいいと思っているのだとしたら、無理に直す必要はないと思いますよ。

とはいえ、読みにくいほど小さな字なのであれば、そこははっきりと本人に伝えなければいけないわね。そこで、「書いた字は消さなくていいよ。隣に大きく書いてごらん」と、明るくアドバイスするの。

そして、「どっちが読みやすいかな？」とお子さんにたずねてみましょう。ママがなぜ「大きく書きなさい」と言っているのか、本人が納得すれば自然と大きく書くようになると思いますよ。

いろいろ試した結果、「私はやっぱりこれがいい！」という場合もあるでしょう。そんなときは「あら、そうなの。いちばんいいやり方を見つけたのね」と、子どもが決めたことを認めてあげましょうね。

「間違えてもいいし、消さなくてもいい」ということがわかれば、娘さんもリラックスして向き合えるはず。少しずつ変わっていくと思いますよ。

尾木ママの子育て

愛コトバ

まずはママが
肩の力を抜いて。
「間違ってもいい」と
わかれば子どもも
リラックスして
向き合えるはずよ。

お悩み23

Q 字を丁寧に書くことができません。

今、学校で漢字を習っています。習った漢字を使った言葉をノートに書く宿題が毎日出ます。言葉はたくさん集めているようですが、早く書こうとするせいか、字がものすごく汚いんです。

ドリルの練習でも、お手本の薄い字をなぞることすらうまくできず、はみ出しています。それでも何とも思っていないようで、「ゆっくり、丁寧に書こうね」と、いくら言っても直りません。どうしたら、丁寧に書くことができるようになるでしょうか。

（A・Kさん）

A 少しでも丁寧に書けているところをほめましょう。

1年生くらいだと、まだまだ乱暴な字を書く子のほうが多いものね。9割くらいの子がそうだと思ってもらって間違いないくらいよ（笑）。

このママも、わが子の字のひどさが目についてしまって、つい注意するのでしょうね。その気持ちはわかりますよ。でもね、ちょっぴり見方を変えてみましょう。まだ文字を習いはじめて半年ほどです。子どもの立場からすれば、丁寧に書こうとしていないわけではなく、丁寧に書こうとしてもうまく書けない、といったほうが、より正確かもしれませんね。ですから、丁寧に書けていないところや、ダメなところを「ここ、ダメじゃない」と指摘するのではなく、「上手なところはどこかな……」ってね。少しでも丁寧に書けていたら「あれ、この字、すごく形がいいね」って、ほめてあげてほしいの。わずかな部分でもいいから、上手なところを見つけてほめる。

難しければ、字の中の一部分だけでもいいの。「〝大〟の横の棒、まっすぐきれいに書けているね！」って、とにかくほめる。子どもって、ママにほめられたらうれしいもの。そうすると、「今度は、この字もがんばってみよう」と思えるようになるんですよ。

大切なのは、今できていることを親が認めてあげること。お子さんはまだ小学1年生。丁寧に上手に書けるようになるには、まだ時間がかかるかもしれないけれど、気長にわが子の上達を信じて見守りましょう。

尾木ママの子育て

愛コトバ

大切なのは、
今できていることを
親が認めてあげること。
気長にわが子の上達を
信じて見守りましょう。

お悩み24

Q

上の子ばかりに目が向いてしまいます。

家庭での学習に関する相談です。1年生の次女の勉強より、4年生の長女の勉強ばかりが気になってしまいます。

当然ながら、1年生より4年生の勉強のほうが内容も難しく、つい上の子の学習の指導やチェックばかりに追われてしまいます。下の娘については、目が行き届きません。

思えば、上の子が1年生のときには、ひらがながきれいに書けるようにと横について見守っていたものです。計算も私がタイムを計ってやったりしていました。それが現在1年生の下の子に対しては同じようにできないのです。

姉妹をどのような配分で見てやればよいでしょう。

（K・Hさん）

A

お姉ちゃんにも手伝ってもらったり、任せたりしながら見守りましょう。

このママは、きっとお姉ちゃんばかり見て、下の子に申し訳ないなぁと思っているのよね。でもね、そんなに心配はいりませんよ。

お姉ちゃんが1年生のときから、ママが勉強を見ている姿を妹はずっと見てきているわ。そして「こういうふうに勉強するのね」と、彼女なりに学習しているはず。だから、これからもお姉ちゃんの勉強を見ているママの姿をどんどん見せて、「あなたも一緒にやろうか」って、声をかければいいんですよ。

お姉ちゃんはもう4年生だから、1年生の勉強はわかるでしょう。そこで「アドバイスしてあげてね」って、妹さんのことをお姉ちゃんに頼んでみてもいいわね。お姉ちゃんもママに頼られていると思えば、悪い気はしないはず。むしろ喜んで「丸つけしてあげるね」なんてやってくれるのではないかしら。

こうしたやり取りを通して、きょうだい間での信頼関係が育まれるし、妹はお姉ちゃんに対する尊敬の念も出てくるでしょう。「お姉ちゃんはすごい！」ってね。そうなればお姉ちゃんも気分はいいし、心にゆとりができるから、妹にも優しくなれる。人として成長もできるんですね。これからは、お姉ちゃんに手伝ってもらったり、任せたりしながら見守りましょう。

尾木ママの子育て
愛コトバ

お姉ちゃんに
妹のことを頼んでみて。
きょうだい間での
信頼関係が育まれますよ。

お悩み25

Q

学校のことを話してくれない息子。どうすれば話してくれますか？

息子は毎日楽しそうに登校しています。けれど、「今日の体育は何をしたの？」「休み時間に誰と遊んだの？」と、学校でのことをたずねても「うーん、忘れた」「え〜、なんだっけ？」としか返ってきません。

私としては、学校のことが見えないだけに、心配が募ります。すべてではなくても、せめてひとつくらいは話をしてほしいと思います。このままだと高学年になるころには返事すらしてもらえないのでは？　と不安になります。子どもが話してくれるような聞き方ってあるのでしょうか。

（M・Tさん）

A
「閉じた質問」じゃなく、「開いた質問」で、子どもが答えやすいようにたずねましょう。

学校のことを子どもから詳しく聞きたいというママは多いわね。けれど、男の子と女の子の違いや、その子の性格によっては、聞き出すのが難しい場合もあるわね。

「休み時間に誰と遊んだの？」「今日の体育は何をしたの？」と、答えがピンポイントに絞られるような問いかけ。これはカウンセリングでは、「閉じた質問」といって、相手の返事がもらいにくい聞き方なんです。子どもって、急にたずねられても、「誰と遊んだっけ？」って忘れちゃう。とくに男の子は、質問されたときにほかのことに夢中になっていたらなおさらですよ。

「閉じた質問」を続けていると、「うっとうしいな」と感じるようになりますよ。このママも心配しているように、高学年になると、口もきいてくれなくなる可能性も高いわ。でもね、これからお話しする「開いた質問」を心がけていれば大丈夫ですよ。「開いた質問」とは、相手が答えやすいようにたずねることなんです。

子どもって、つまらなかったことはすぐに忘れてしまうけれど、楽しかったことはよく覚えているわ。そこで、「今日、学校で楽しかったことあった？」と聞いてみてください。きっと、スラスラと話してくれますよ。

「休み時間に先生と友だちと鬼ごっこしてね、ボクが先生を捕まえたんだよ」なんてね。「楽しかったこと」をキーワードに、さまざまなことが思い浮かび、それが言葉となって出てくるんですよ。

それから、話しかけるタイミングも重要よ。子どもが何かに夢中になっているときに聞いてはダメ。おやつの時間や寝る前など、ママも子どももリラックスしていて時間の余裕があるときにしましょう。今日、さっそく試してみて！「楽しかったことあった？」ってね。

尾木ママの子育て
愛コトバ

「楽しかったことは?」って
たずねましょう。
答えがひとつじゃない
聞き方のほうが、
たくさん話してくれますよ。

お悩み26

Q

子ども同士のケンカに相手の親が介入してきます。

娘の友だちのお母さんから、「○○ちゃんと遊ぶといつも泣いて帰ってくる。うちの子にはもっと強くなってもらわないと」と、嫌味を言われました。

学童保育の指導員さんに事情を聞いたところ、その子はうそをついて自分が怒られないようにしたり、立場が悪くなると大泣きするのだそうです。うちの娘も気が強く、しょっちゅうケンカになるとのこと。それでも娘はきちんと謝るのですが、その子は大泣きして話にならないのだそうです。にもかかわらず、娘に「いじめられた」と泣きながら帰っていくのだとか。子ども同士のケンカは、なるべく子ども同士で解決させたいと思っていますが、相手の親は介入してきます。どうしたらいいでしょう。

（M・Wさん）

A 担任の先生や学童の指導員さんの力を借りて見守りましょう。

子ども同士のケンカに親が口を出す国は、日本くらいじゃないかしら。アメリカやヨーロッパなどの親たちは、子どものケンカは必ず起きるものだし、子ども同士で解決できる能力をつけさせる絶好のチャンスだと考えているわ。

とはいっても、まだ小1。自分の言動を客観的にとらえて説明したり、相手の気持ちを想像して行動したりといった力は、まだ十分に身についていないから、子どもたちの力だけでトラブルの解決を期待するのは無茶な話です。ここはやはり、学校の先生や、学童保育の指導員さんの力が不可欠。当人同士に経緯や言い分を聞いたり、どうしたらいいのか考えさせたり、悪いことをしたのであれば、謝るように諭したりといった指導をしてもらうのが一般的でしょう。

このケースの場合、友だちのお母さんの話と指導員さんの話が食い違っている。ならば、指導員さんのほうから、友だちのお母さんにも同じ説明をしてもらうようにお願いしてはどうでしょうか。

ポイントは、学童の指導員さんに引き続き様子を見てもらい、何かあれば知らせてもらうようにお願いすること。そして、相手の親から子どものケンカのことでまた言われるようなことがあったら、「指導員さんにも聞いてみたけれど、どうやら子どもたちが言っているのとちょっと違うところもあるみたいなのよね。まだ小1ですもんね」などと話してみてはどうかしら。

それにしてもこの娘さん、順調に育っているわ。ケンカしても振り返り、自分の悪かったところを認めて相手に謝ることができる。この力がとても大切なんですよ。問題解決能力が着実に育まれていますよ。

尾木ママの子育て 愛コトバ

子どものケンカは
解決できる能力を育む
絶好のチャンス。
なるべく子ども同士で
解決できるように見守ってね。

お悩み27

Q

PTA活動のせいで、子どもの寝る時間が遅くなり困っています。

小学校でPTA役員に選出されました。毎月、平日夜の7時からの委員会に出席しなければならないのですが、主人の帰宅が遅く、また双方の実家も遠いので子どもを預けることができません。仕方なく委員会には子連れで参加するのですが、終わるのはいつも9時を回ります。

小学校では「早寝早起き朝ごはん」運動に取り組んでいることもあり、せめて8時ごろには途中で抜けて早く子どもを寝かせたいと思っているのですが、途中で抜けられる雰囲気ではなく悩んでいます。PTA活動より、子どもの健康のほうが大事だと思う私の考えは間違っているのでしょうか。

（K・Mさん）

A たまにはしょうがないと割り切る気持ちも必要かも。

学校で「早寝早起き朝ごはん」運動に取り組んでいるのね。それなのに、PTAの活動が遅くまでかかることで、子どもを早く寝かせることができないなんて。矛盾が生じてしまっているわ。このママが「おかしい」と思う気持ちはとてもよくわかります。

だからといって、この矛盾は組織を相手に真っ向から指摘しても、すぐに解決できるものではありません。もちろん「早寝早起き」を心がけたいと思うママの気持ちは大切にね。そのうえで月のうちの数日はそういうことができなくても、「しょうがないわ」と思えるようになると、気がラクになるのではないかしら。

そもそもPTAは、子どものために親と教師が一丸となって行うボランティア活動です。言葉は悪いけれど、誰かが犠牲を払っているから続けていける部分も大きいわ。だから、ほかのお母さんたちもこのママと同じような思いを抱えているかもしれません。

「子どもを預けるところがない」と書かれているけれど、近所やママ友などにも相談したのかしら？

子育ての時期は「困ったときは、お互いさま」の精神がもっとも大切なんです。気持ちを誰かに打ち明けることで、何かしらの解決策や折衷案が見つかることも多いものです。

ＰＴＡの活動はマイナス面だけではありません。活動を通して、子どもの様子や学校の雰囲気がわかります。役員同士で絆が深まり、「やってよかった！」というママも多いわ。こうしたプラス面にもぜひ目を向けてみてくださいね。

尾木ママの子育て
愛コトバ

「たまにはしょうがない」と
割り切ることも大切よ。
ＰＴＡ活動のプラスの
面にも目を向けてね。

お悩み28

Q

祖父母からのプレゼントを傷つけずに断るには？

息子は一人っ子で、私と主人の両親にとっては、たった一人の孫。そのため、遊びに行くたびに、おもちゃやゲームなどのプレゼントを用意してくれています。かわいがってくれるのはとてもありがたいのですが、息子はいただいたおもちゃにすぐ飽きてしまいます。おこづかいは私が預かっていますが、息子は欲しいものがあると、「おじいちゃんからもらったお金で買う」と言い張って、私ともめることもあります。

私は息子に、欲しいものは簡単に手に入るものだと思ってもらいたくないし、欲しくてもがまんできるようになってもらいたいんです。相手を傷つけずにプレゼントを控えてもらうには、どのように伝えればよいでしょう。（O・Sさん）

A

子どものためになるものを、参考として具体的に伝えましょう。

おじいちゃん、おばあちゃんの気持ちとしては、プレゼントを控えろと言われても、なかなかできることではないんですよね。だって、孫が喜ぶ顔が見たくて、プレゼントを買っちゃうんだもの。

でもね、おじいちゃん、おばあちゃんなりにいいと思うものを選んでも、それが必ずしも孫が欲しいと思っているもの、親がわが子に与えたいと思うものと同じではないんですよね。

じつは、ボクも孫に買ってあげるときは、まずパパとママに相談することにしているの。だって、いままで成功したためしがないんですもの。洋服を買うにしても、親の思いや好みもあるから、必ずしも気に入ってもらえるかどうかはわからない。すでに持っているものを買ってしまったこともあったわ。

そんな実体験をもつおじいちゃんの立場としては、ママやパパが子どものためになると思っているものを素直に伝えてもらえるのが、いちばんうれしいということね。

学校などで必要なもので、さらに子どもが欲しがっているものを参考として伝えてみてはどうかしら。たとえば、「サッカーを始めたので、サッカーボールだと喜びます」ってね。事前にわかっていれば、プレゼントしても確実に喜んでもらえるから、おじいちゃん、おばあちゃんとしても助かると思いますよ。でも、たまにはおじいちゃん、おばあちゃんに自由に選ばせてあげてね。選ぶ楽しみもありますから（笑）。祖父母と孫との関係を尊重する姿勢も、うまく祖父母とつき合うのに必要な心がけですよ。

お小遣いについては、「まだ自分で管理できないので、親からも与えていないんです」などと、家庭の方針を伝えてもいいかもしれませんね。

尾木ママの子育て

愛コトバ

おじいちゃんも
おばあちゃんも
欲しいものを
教えてもらったら、
うれしいはずよ。

伝統文化を伝えて、有意義な冬休みを！

冬休みは、クリスマスから始まって、大掃除、年越し、初詣、年始回りなど、特別な行事が目白押し。社会全体がいつもとは違う雰囲気に包まれていて、とにかく1日としてじっとしているヒマがないくらい慌ただしいものですよね。じつはこの時期は、普段とは違う体験を通して、子どもに社会性を身につけさせる絶好のチャンスでもあるんですよ。

小学1年生は、伝統文化の意義についてようやく理解できるようになる年ごろです。冬休みに入ったら、まずはどんな行事があって、どんな意味をもち、どのようにふるまったらいいのかについて子どもと話しましょう。

たとえば、お正月に親戚の家に出かけるのであれば、「おじさんの家に行くわよ」だけではなくて、「なぜおじさんの家に行くのか」「行ってどうあいさつするのか」を行く前にきちんと子どもに話してもらいたいなと思うのです。

年末の大掃除も同じですよ。

「邪魔になるから、あっちに行っていなさい」ではなくて、子どもにもどんどん役割を与えて、一緒に取り組みましょう。身の回りのものなどに対して、「1年間、ありがとう」という感謝の気持ちを込めることも伝えてね。

大掃除、しめ飾り、除夜の鐘、おせち料理、初詣、年賀状、年始回り、そしてお年玉も、みんな昔からあるものばかり。こうやって列挙してみると、年末年始は1年のうちで、いちばん日本の伝統文化に触れる機会が多いのかもしれませんね。伝統文化をしっかり伝えて、親子で楽しく有意義な冬休みにしてくださいね。

第5章

3学期

友だちとのトラブルは人との関わりを学ぶ場に。小言はわが子の成長の証しです。

３学期になると、保育園・幼稚園の延長のようだった1学期と比べて、わが子の成長ぶりにますます驚かされることでしょう。小学校の生活にもすっかり慣れて、友だちとも活発に遊ぶようになるわ。

この時期には、友だちとのトラブルや、「イライラしている」といったような子どもの内面に関わるお悩みが多く寄せられます。これは周囲とのコミュニケーションが活発になれば必然的に起こり得ることなの。そして、こうしたトラブルに悩み、乗り越えながら人との関わりについて学んでいくんですよね。

それから、この時期になると「子どもに小言ばかり言っているわ」と感じているママは少なくないはず。それにはちゃんと理由があるんですよ。

幼児期までは、ママが何から何まで世話を焼いていた子が、小学生になり自分のことは自分でできるようになってくる。それは間違いなく子どもが成長した証し。とても喜ばしいことですよね。

一方でそれは、親の思い通りに動いてくれないことが増えてくるということでもある。そんなときに、小言が出るの。「なぜもっと早く宿題をやらないの⁉」ってね。そこで、まずは深呼吸。「この子はなぜ早くやらないのか」を考えて、理由がわかるまで行動を見守ってもらいたいなと思います。

家庭に学校のやり方を持ち込んでしまった場合も、小言が増えるわ。先生に「漢字がきちんと書けるように見てあげてください」と言われたら、ほとんどのママは「丁寧に書きなさいよ」なんて、先生みたいに〝指導〟してしまうのではないかしら。ママは先生と同じように注意するのではなく「1学期と比べたら、すごく上手に書けているじゃない」と、わが子のがんばりをほめることが大切なの。そうすれば、結果として小言は減っていくわ。ほめ言葉は感動の言葉。成長したところを見つけて、たくさん感動できるママになってくださいね。

お悩み29

Q

友だちと主従関係に……!?
エスカレートしないか心配です。

息子の友だちのAくんは、「給食をおかわりしたらダメ」といったようなことを息子に命令します。従わないと「遊んであげない」と言われるのだそうです。また、「△△くんを叩け」などと、ほかの友だちを傷つけるような命令もあり、息子も悩んでいます。

Aくんのお母さんは、しつけや子育てに熱心なので、信じてもらえないのではないかと思うと、なかなか伝えることができずにいます。

こうした友だちからの脅しをうまくかわすにはどうしたらよいでしょう。内容がさらにエスカレートしてくるのではないかと心配です。

（N・Iさん）

A これはいじめです。すぐに担任に相談しましょう。

自分ではやらずに、「△△くんを叩け」と友だちに命令したり、やらなかったら「もう遊んであげない」と脅したり……。これは、明らかにいじめですよ。Aくんの行動は、ほかの子にまで害を及ぼしていますね。これは決して放っておいてはダメ。子どもだけで解決できることでもないので、親がきちんと対処する必要があります。

小1くらいなら、こうした類いのいじめはまだほとんどないもの。それなのにAくんがこんなことをするのは、おそらくよほどのストレスによるものです。

Aくんのお母さんは教育熱心で、しつけもしっかりされている。ひょっとしたら、Aくんはおうちでお母さんに細かいことまで小言を言われているのかもしれません。彼はおそらくそのことをとてもつらく感じていて、ほかの子をいじめることですっきりしたいと思ってしまうのかもしれません。こういう子は、親の前では「とてもいい子」を演じている場合が多いんですよ。

Aくんのお母さんには、早く知らせたほうがいいわ。といっても、直接伝えるのではなく、まずは担任の先生に相談しましょう。

その際、気をつけてもらいたいのは、感情的にならないこと。そしてAくんを悪者にするのではなくて、「こういうことがありました」と、事実を冷静に伝えることが大切です。ひょっとしたら、「ほかの子のお母さんからも、同じような訴えがあった」といった話が出るかもしれませんよ。

Aくんはおそらくストレスを抱えていて、それが行動に出ているのだと思います。だから、彼をみんなで責めてはダメよ。最終的にはAくんのお母さんも交えて、彼が抱えるストレスの原因を突き止めることね。原因を取り除きストレスがなくなれば、きっと明るく元気なAくんとして仲よくできるはずですよ。

尾木ママの子育て

愛コトバ

いじめは
放っておいてはダメ！
先生に相談するときは、
感情的にならないで、
事実を冷静に伝えましょう。

お悩み30

Q 娘が友だちに意地悪をしていました……。

娘が友だちに意地悪をしていると、相手の子のお母さんから聞いてびっくりしました。娘は友だちに「もう一緒に遊ばない」と言ったり、ケンカをした後も無視をしていたそうです。友だちのお母さんは、子ども同士で解決させようと思い、しばらく様子を見ていたそうですが、だんだんひどくなってきたので私に連絡をしてきたのです。私はいつも仲よく遊んでいるものとばかり思っていました。

娘にはもうしないように言い聞かせ、友だちにも謝らせました。担任の先生にも伝えましたが、学校での様子がわからないので、また意地悪をしていないか不安です。

（M・Tさん）

A 担任の先生と連携して見守りましょう。ママの愛情を伝えることも大切よ。

娘さんが意地悪をしていたと聞いて、さぞかし驚かれたでしょうね。それなのに、冷静に的確に対応していて、今後も「大丈夫かな」と心配している。１年生のママとしては、とてもすばらしいと思います。

１年生の子どもの意地悪は、本当に悪気があってすることはほとんどありません。だからといって、放っておくとますますエスカレートしてしまいます。

友だちとのトラブルは、このママがしたように、担任の先生に相談するのがいちばんです。「先生のほうでも、気づいたことがあったら、その場で注意したり、教えてやってください」ってね。そして、「何かありましたら、ご連絡いただけますか」とお願いしておくことも忘れずにね。

それから、ときには娘さんに「友だちとはどうなの？　困ったりしていることはない？」とさり気なく聞いてみましょう。本人にそのつもりはないのに、「意地悪なことをされた」と相手に違った受け止め方をされてトラブルになったり、何気ない言動で相手を傷つけてしまった、なんてこともありますから。

そんなときは、なぜ相手を傷つけてしまったのか、ママも一緒に考えましょう。そして、「何があったの？」と子どもの気持ちに寄り添い、話を最後までしっかりと聴いてあげてください。たとえ本人が悪くても、決して頭ごなしに叱ったりしないでくださいね。

この子のように、子どもが友だちに意地悪をする場合、家庭での愛情が足りていないことも多いの。ママはそんなつもりはなくても、小さな弟や妹がいる場合や、パパが最近出張で不在だったり、あるいはきつく叱ってしまったりしたときとかね。だから、親子関係や家庭で異変はなかったかを見直すことも大切です。

心当たりがあれば、しっかり子どもを抱きしめたり、できるだけ声をかけたりして安心させてあげてくださいね。

尾木ママの子育て
愛コトバ

子どもの気持ちに
寄り添って
話を聴いてあげてね。
決して頭ごなしに
叱ったりしないでね。

お悩み31

Q

手作りおやつの反動!? 友だちの家で市販のお菓子をガツガツと食べてしまいます。

小1と3歳の娘たちには、市販のお菓子を食べさせたくなくて、小さいころから手作りのお菓子やおにぎり、おいもなど、体によくておなかを満たしてくれるようなおやつを食べさせてきました。

ところが、友だちの家に遊びに行くと、市販の菓子をたくさん出してくれるのです。娘にとってはとても珍しいものに映るようで、ものすごい勢いで食べてしまうのです。普段食べさせていない反動なのでしょうか。

出されたおやつをガツガツと食べてしまう娘にどうしたらよいのか悩んでいます。

（K・Kさん）

A 食べすぎないように把握しつつ、上手に妥協することも必要です。

おやつを手作りしている家庭では、よく聞かれるお悩みではないかしら。じつはボクも同じような経験があります。

上の娘が幼いころ、ボクの奥さんもおやつを手作りしていたの。チョコレートは一切食べさせていなかったわ。娘も欲しがらなかったので、いつしか「この子はチョコレートが嫌いなんだ」って思い込んでいたんですね。

ところが娘が大学生のとき、お菓子の包み紙が部屋じゅうに落ちていたことがあったの。なんとお徳用チョコレートを一晩で全部食べきっていたんです。びっくりして「チョコレート嫌いじゃなかったの？」ってたずねたわ。すると娘は大粒の涙を流しながら「嫌いだって言うと、ママもパパもうれしそうにしていたからがまんしていたの」って。ボク自身はうれしそうにした覚えはないのだけど、娘にはそう映ったのね。今では、彼女には申し訳ないことをしたなあって思います。

このママにはボクみたいな失敗はしてほしくないわね。娘さんはママの手作りおやつは大好きだと思いますよ。でも市販のお菓子も魅力的なんですよね。

そこで、友だちの家でいただいたものをママに報告するように約束してはどうかしら。そうすれば、娘さんが何を食べたのかを把握できますよね。食べすぎているなと思ったら、そのつど気をつけるように伝えればいいんですよ。

これからも家庭の方針が異なる友だちとの交流は増えていきます。そのたびに厳しく禁止してしまうと、ボクの娘のように、いずれはどこかで爆発してしまうかも。そこはママも上手に妥協してあげてくださいね。

尾木ママの子育て

愛コトバ

すべてを厳しく
禁止してしまうのではなく、
上手に親が妥協することも
大切ですよ。

お悩み32

Q

娘が習い事をしたがりません。関心をもつまで待つべき？

娘は習い事に消極的です。私自身、小1から硬筆を習い、今も役に立っているので娘に「習わない？」とすすめても、「遊ぶ時間が減る」とか「面倒だ」と言います。「ほかのでもいいよ。興味のあるものを習う？」と聞いても反応が弱いのです。

娘の同級生は習い事をしている子が多く、私もなるべく娘が自信をもてる何かを探してあげたいと思うのですが興味を示してくれません。本人が関心をもつまでこのまま様子を見るしかないのでしょうか。

（I・Tさん）

A 子どもの行動を観察し、得意なことを見つけてそこを伸ばしてあげましょう。

文面から、ママ自身の「焦り」を感じるわ。「周りの子はみんな習い事をしているのに、うちの子だけ何もしていない。うちも何かやらせなくちゃ…」ってね。

冒頭に「自分も小１で硬筆を習って、今すごく役に立っている」と書かれているけれど、子どもは「役に立つからやろう」とはなかなか思わないわ。ママ自身も子どものころ、親には「役に立つから」と言われたかもしれないけれど、「役に立つこと」を実感したのは大人になってからではないかしら。

子どもが「やりたい」と思えるいちばんの動機は「面白そうだな」「楽しそうだな」と思えること。といっても、まだ1年生ですから、本人に「あなたが興味のあるものは何？」とたずねても、ズバリ答えるのは難しいでしょう。

ママは娘さんに「自信をもてる何かを探してあげたい」と思っているようですね。けれど、そういうものは「探してあげる」より、わが子の様子や行動をしっかり「観察する」ことが大事なの。そうすれば、この子は何が好きか、どんなことが得意なのかがおのずと見えてきますよ。

今度、娘さんと公園に行ってみましょう。そしてほかの子も遊んでいるなかで彼女がどんなことをするのか、何をしているのか、じっくり観察するの。「あら、あの子砂場で夢中になって何かをつくっているわ。つくるのが大好きなのね」ってね。そして、子どもの好きなことや得意なところを伸ばしてあげればいいんですよ。

まずは、親がしっかり見守ってあげる。すると「この子には、こんなことがいいのかも……」というのが必ず見つかるはずです。ママはそこを見逃さないようにして応援してあげてくださいね。

尾木ママの子育て

愛コトバ

親がしっかり見守って。
すると「この子には、
これがいいかも」
というのが
必ず見つかるはずよ。

お悩み33

Q

娘のためにしてきたことを夫に否定され、むなしくなってしまいました。

娘はピアノ、スイミング、バレエを習っています。どれも本人がやりたいと言って始めたのに、すぐに「つまらない、やめる」と言い出します。夫は「やめさせればいい」と簡単に言いますが、本人も上達したり、進級したりすると、喜んで披露したがるので、やめたいというのは本意ではないと思うのです。

ところが先日、夫に「親は学校での学びや家庭でのしつけに気をつけていればよくて、あとは本人に任せればいい」と言われました。私が娘に対して取り組んできたことをすべて否定されたようで、むなしくなってしまいました。私がしてきたことは、ただのかまいすぎなのでしょうか。

（E・Tさん）

A 2人とも間違ってはいませんよ。ママはもっと自信をもちましょう。

ママもパパも考え方としては間違っていないわ。ママは娘さんが「やりたい」と言ったことをやらせている。本人は上手にできれば喜んで披露してくれるし、続けたほうが子どものためにもなるし、私もうれしいし、ってね。

一方、パパは娘さんから直接「やめる」と聞いたわけではないなかで、「そんなにやめたいっていうなら、本人に任せればいいじゃないか」というのも正論なんですよね。

ここで大切なのは、娘さんが「やめたい」と言ったとき、それが本心なのかどうか……ってこと。

どんな習い事でも、楽しいときもあれば、つまらないときもあるわ。ママに「やめる」と伝えたときは、たまたま「つまらないな」と感じていたからなのではないかしら。けれどその後、「つまらない」気持ちがリセットされたから、やめずに続けている。上達すれば喜んで親の前で披露したがるときは、楽しいと感じているはずですよね。つまり、娘さんの発した「やめる」は、その習い事を本当にやめてしまいたいわけではないのだと思いますよ。

失敗しちゃって「つまらない、もうやめる〜」なんて言いつつ、次にやったら「できた！」「楽しかった！」って、大喜び。ママはこうした子どもの言葉にいちいち振り回されてはいけないわ。

子どもが「つまらない」と言いだしたら、「どんなところがつまらないのかな？」と、一歩踏み込んで聞いてみましょう。裏に隠された気持ちをくみとり、受け止めた会話ができるようになるといいですね。そうすれば、子どもの言動に振り回されることはないし、パパとも自信をもって話し合うことができるようになりますよ。言葉ではなく、気持ちでコミュニケーションをとるの。言葉の表面的な意味だけにとらわれないでね。

尾木ママの子育て

愛コトバ

「言葉」ではなく、
「気持ち」で
コミュニケーションを
とりましょう。
言葉の表面的な意味だけに
とらわれないでね。

お悩み34

Q

おっぱいをまださわりたがる息子。やめてほしいのですが……。

息子はいまだに私のおっぱいをさわりたがります。お風呂に一緒に入ろうものなら大変です。うれしそうにさわってきます。しつこいので「やめてよ！」と言うのですが、「エヘヘ」とニコニコしています。

「ママとママのおっぱいとどっちが好きなの⁉」と聞くと、「おっぱい……じゃなくて、ママ！」と言います。

けれど誰かに知られるのは嫌なようで、息子の前で、友だちのお母さんに「○○はママのおっぱいが好きなんだよね～」と茶化したら、「なんで言うんだよっ！」と本気で怒っていました。

男の子のこういうのは、いつまで続くのでしょうか。

（Y・Kさん）

A

お子さんとの「今」を大切に！　いずれは離れていきますよ。

ママのおっぱいは母性の象徴です。生まれて最初に吸いつくんですものね（笑）。むしろおっぱいが嫌いな子のほうが心配よ〜。

想像してみて！　おっぱいを見たら嫌がるわが子……おかしいでしょう。だから、うれしいことなんですよ。「おっぱい、おっぱい」って喜んでいるんですからね。

むしろ大事なのは、この男の子はママのおっぱいにさわるのを「小1なのに恥ずかしい」と思っていること。だから、ほかの人に言われたことをとても嫌がったのね。

ママが友だちのお母さんに話したことをこの子は本気で怒った。すごいじゃない！

「自分はそんなに子どもじゃないんだ」と思える自尊心が、ちゃんと育っている証拠。それでも、やっぱりママのおっぱいが大好きなのね。かわいいじゃない（笑）。

それから、この子はママが嫌がっているのを楽しんでいる様子も感じるんですよ。「どっちが好き？」って聞かれたら「おっぱい、じゃなくてママ」なんてね。ママの嫌がる表情を楽しんでいる。この子のほうがママよりも一枚上手ね。男の子って、そういうところもあるんですよ。

そんな「じゃれあい」も、今だけです。いずれは離れていきますよ。そのときに「さびしい」なんて思わないでね（笑）。

尾木ママの子育て

愛コトバ

「小１なのに
恥ずかしい」と
思っているのは
自尊心が育まれている
証拠ですよ。

お悩み35

Q

家でイライラを爆発させる娘とどのように関わればよいでしょう。

娘は環境が変わると落ち着きがなくなり、爪をかんだり、かんしゃくを起こしたりします。入学後も泣きながら登校する日が続きましたが、クラスに友だちができてから少し元気になりました。けれど、夏休み前に友だちが転校してしまうと、私に暴言を吐き、妹を叩いたり蹴ったりするようになりました。

学校では、仲よしの友だちにはやさしく、気の合わない友だちには口調がきつくなるようです。家では、食事、片づけなど最低限のこと以外は、口うるさく言わないようにしています。そして、一緒に遊ぶなど、娘のストレスが少しでも発散できるように心がけていますが、気に入らないことがあると爆発します。

このような娘とはどのように関わっていけばよいでしょう。（Y・Oさん）

A 口うるさくなることを怖がり過ぎないで、もっと積極的に関わりをもちましょう。

学校になじめず、苦労している娘さんの様子、それに心を痛めているママの心情が伝わってきます。

よかったなと思うのは、この子は家庭でしっかり発散できていること。ママも「発散させてあげなくちゃ」と、すごく気を配っていますね。これはとても大切なことだと思いますよ。

憶測ですが、「最低限の」口うるさく言うことって、「お茶碗を持って食べなさい」とか、「いただきますを言いましょうね」といったことなのかしら。ボクには口うるさくなることを恐れて、必要最低限のことしか言わないようにしようとママが自分に厳しくなりすぎているような気もします。

まだ小１なのですから、生活の基本的な部分にはしっかりと関わってあげてほしいと思います。それで、多少口うるさくなったとしても、愛情をもって娘さんの姿をしっかり見て関わっていくなかで、よりいっそうママの愛情が伝わり、結果的に娘さんの心の安定にもつながっていくように思います。

そして、必要最低限以外のことでも、もっと関わりをもつことが大切ですよ。たとえば、夕食の時間に「テレビを見たい」と駄々をこねたら、「それじゃ、たまには先にテレビ見てからごはんにしようか」ってね。そんな日がたまにはあってもいいのではないかしら。

尾木ママの子育て

愛コトバ

必要最低限以外のことでも、愛情をもってしっかり関わっていくことが大切ですよ。

尾木ママcolumn

友だちはたくさん必要!?

「同じ子とばかり遊んでいます。大丈夫でしょうか」とか、「友だちの輪に入っていくのに時間がかかります」といった、友だちに関するお悩みは、3学期に入るとより多く寄せられるようになります。内容は少しずつ違うけれど、「もっといろいろな友だちと遊んでくれたら安心なのに……」といった気持ちが、どのママにも共通の思いとしてあるからなんです。

なぜならそれは、ママたちの子どものころの経験によるところが大きいの。昔は友だちと放課後の約束をしたりして、今より自由に遊ぶことができていたのではないかしら？　楽しかった子ども時代を経験して大人になったからこそ、わが子の現状に不安を感じてしまうのかもしれませんね。けれど、それは親のせいでも、子どものせいでもない、「時代の変化」によるところがいちばん大きいのです。

地域のつながりが弱くなって近所のつき合いが希薄になり、大人の目が行き届きにくくなったこともあって、子どもだけで遊ばせることが難しくなってきた。さらに、安心して遊ばせることのできる場所も少なくなった。結果として子育てが家庭内に限定されがちになってしまったのね。それが現状なんです。

確かに、幼いうちから多くの子どもと交わることができるのが理想です。だから「いろいろな友だちと遊んでほしい」という、ママたちの焦りや願いは間違いではないと思うわ。でもね、「友だちの少ないわが子がおかしいのではないか…」というのは、いきすぎた心配です。子どもだって、「遊びたい」という思いが強くなれば、自分から動きはじめるものですよ。

子どもが友だちになりたいと思うのは、自分が求めている「何か」をその子がもっているからではないかしら。これ、大人も同じですよね。そして子どもの場合、求める友だち像は成長に伴って変わっていきます。

友だちって、数が多ければいいというものではないわ。たとえ１人でも２人でも、わが子の選んだ友だちを歓迎して、いいところを積極的に見つけてみましょう。どうか温かく見守ってあげてくださいね。

おわりに

どの学年でも、進級するときは格別です。学校の先生も進級に向けた心の準備を2月ごろから始めるんですよ。教師として、この1年のクラス経営のあり方や、子どもたちの学力や生活の面はどうだったか、自分自身の仕事やポジションなど、いろいろな面から振り返るものなんですね。

そして子どもたち1人ひとりの振り返りは、学期末にお渡しする「通知表」にしっかりと反映しているわ。家族で読み、先生がほめてくれたところは、ママもパパも大いにほめてあげてね。「あと少し」なところは、春休みの間にしっかりできるように練習しておきましょう。

たとえば、「時間通りに動くのが苦手なようです」と書かれていたら、「時間を決めて、時間通りに動く練習」をするの。それはわが子が2年生に進級したときに、大きな自信となってくれるはずですよ。

春休みにはママたちにも、この1年間を振り返って、わが子がどのように変わったのか、成長のポイントをぜひ見てもらいたいですね。

まずは生活の態度。例えば、「よく手伝ってくれるようになったな」とか、「料理に興味をもつようになったわ」とかね。学習面では、「夏休みの宿題は、1年生になって初めてだったけど、しっかりがんばったよ」ってね。

学校生活の振り返りも大切ですよ。「夏休み前は、授業中に手を挙げられなかったけど、今は元気よく挙げられるし、大きな声で発表もできるようになったわ」ってね。

健康面や友だち関係、家族関係もね。このようにさまざまな角度から振り返り、成長したポイントを必ず見つけること。そして、成長した部分をうんとほめることが大切なんですね。

それからもうひとつ、振り返ってほしいのは、人のために行動できたこと。子どもが「友だちが落とした鉛筆を拾ってあげたよ」なんて話してくれたら、ママは「それはとてもいいことをしたね。してもらった友だちはきっとうれしかったと思うよ」とほめましょう。子どもはほめられることで、自己肯定力を高めるの。その力がさらに自分で考えて行動する力を養うことにつながるんですね。

こうした振り返りの時間は、この1年、ママがわが子のさまざまなことで悩み、心配してきたことがすべて報われる瞬間でもあるわ。子どもの成長はママへの最高のごほうびです。ママ自身も1年間の成果をかみしめてほしいなと思います。そして、また1年後は、今よりももっと成長しているわが子の姿を想像しながら過ごす。これはとても楽しみなことではないかしら。

といっても、成長して学年が上がっていくと、また新たなお悩みや心配も出てくると思います。けれど、そのつど子どもとしっかり向き合うこと、物事をポジティブにとらえ考えることができていれば、きっと乗り越えることができるはずですよ。

子育ては、子どもと親が共に育つ、「共育て」。子育てはまだまだ続きますよ。ママも子どもと一緒に少しずつ成長していけたらいいですね。

尾木直樹

尾木直樹（尾木ママ）
1947年、滋賀県生まれ。早稲田大学卒業後、私立海城高校、東京都の公立中学校の教師として22年間、子どもを主役としたユニークで創造的な教育実践を展開。その後、法政大学キャリアデザイン学部教授、教職課程センター長を経て、現在は、教育評論家、法政大学特任教授（2017年4月より）、臨床教育研究所「虹」所長。子育てと教育、メディア問題などに関する調査、研究に取り組んでいる。一方、情報・バラエティー・教養番組やCMなどにも多数出演し、「尾木ママ」の愛称で広く親しまれている。2012年より雑誌『小学一年生』において、読者ママたちの心配やお悩みに的確かつ愛情あふれるアドバイスを贈る。
公式ホームページ　http://www.ogimama.jp/
公式ブログ「オギ♥ブロ」http://ameblo.jp/oginaoki

尾木ママ 小学一年生
子育て、学校のお悩み、ぜ〜んぶ大丈夫！

2017年3月19日　初版第1刷発行

著　者　尾木直樹
発行者　松井 聡
発行所　株式会社　小学館
〒101-8001
東京都千代田区一ツ橋2-3-1
（編集）03-3230-5381
（販売）03-5281-3555

印刷所　萩原印刷株式会社
製本所　株式会社若林製本工場

Printed in Japan
ISBN978-4-09-840180-2

STAFF
装丁・本文デザイン／ムロフシカエ
イラスト／白伊くま
写真／林　紘輝
構成／天辰陽子

制作協力／
臨床教育研究所「虹」

販売／根來大策
宣伝／阿部慶輔
制作／遠山礼子
編集／渡辺朗典